Ralf Münnich
Panzer in Nordafrika

Ralf Münnich

Panzer in Nordafrika

Der Panzerkrieg zwischen Tobruk, El Alamein und Tunis 1941–1943

DÖRFLER
ZEITGESCHICHTE

Genehmigte Lizenzausgabe für „Edition DÖRFLER“ im
NEBEL VERLAG GmbH, Eggolsheim

1 2 3 4 5 7 6 5 4 3

INHALT

EIN WORT ZUVOR

Der Krieg in Nordafrika während der Jahre 1941/1943 stand von seinem Anfang an unter besonderen Aspekten. Die kriegerischen Ereignisse fanden in einem meist recht schmalen Küstenstreifen statt, dahinter war Wüste oder Gebirge.
Die Gegner, Rommel auf dieser, Auchinleck und später Montgomery auf der anderen Seite, bekämpften sich, wie die Geschichte dieses Krieges beweist, zwar mit aller Härte und ineinander verkrallter Verbissenheit - über dem Krieg am Rande der Wüste lag aber eine heute unbestimmbare Ritterlichkeit, die sich in vielen Einzelheiten und Episoden bewies.
Heute mag es scheinen, als ob die Ereignisse im Raum zwischen El Alamain und Tunis eine letzte Ahnung von einer Kampfesweise in sich bargen, die heute nicht mehr vorstellbar ist.
Ralf Münnich war in der Lage, viele neue und bisher unbekannte Fotos und Zeichnungen ausfindig zu machen, die einen tiefen Eindruck vom Ringen um Tobruk, Marsa Matruh, um Bengasi, an der Sirte oder bei Tripolis vermitteln.
Die beigegebenen Texte sind knapp gehalten, umfassen aber die letzten kriegsgeschichtlichen Erkenntnisse über die damaligen Ereignisse, sie vertiefen zusammen mit den packenden Aufnahmen, Karten und Skizzen den nachhaltigen Eindruck, den das Buch vermittelt.

Die "unbarmherzige Faszination des Panzerkrieges in der Wüste", wie ein englischer Kriegsberichter es einmal nannte, das listenreiche Umgehen des Gegners, das Täuschen und plötzliche Hervorbrechen, der unbeschreibliche Anprall der stählernen Giganten in der Glut Nordafrikas - dieses Buch vermag wohl erstmals eine umfassende Gesamtschau des Geschehens vor dem Leser auszubreiten.
Der Verlag ist Herrn Ralf Münnich dankbar, daß es ihm gelang, das gewaltige Thema in den Seiten dieses Buches so eindrucksvoll festzuhalten.

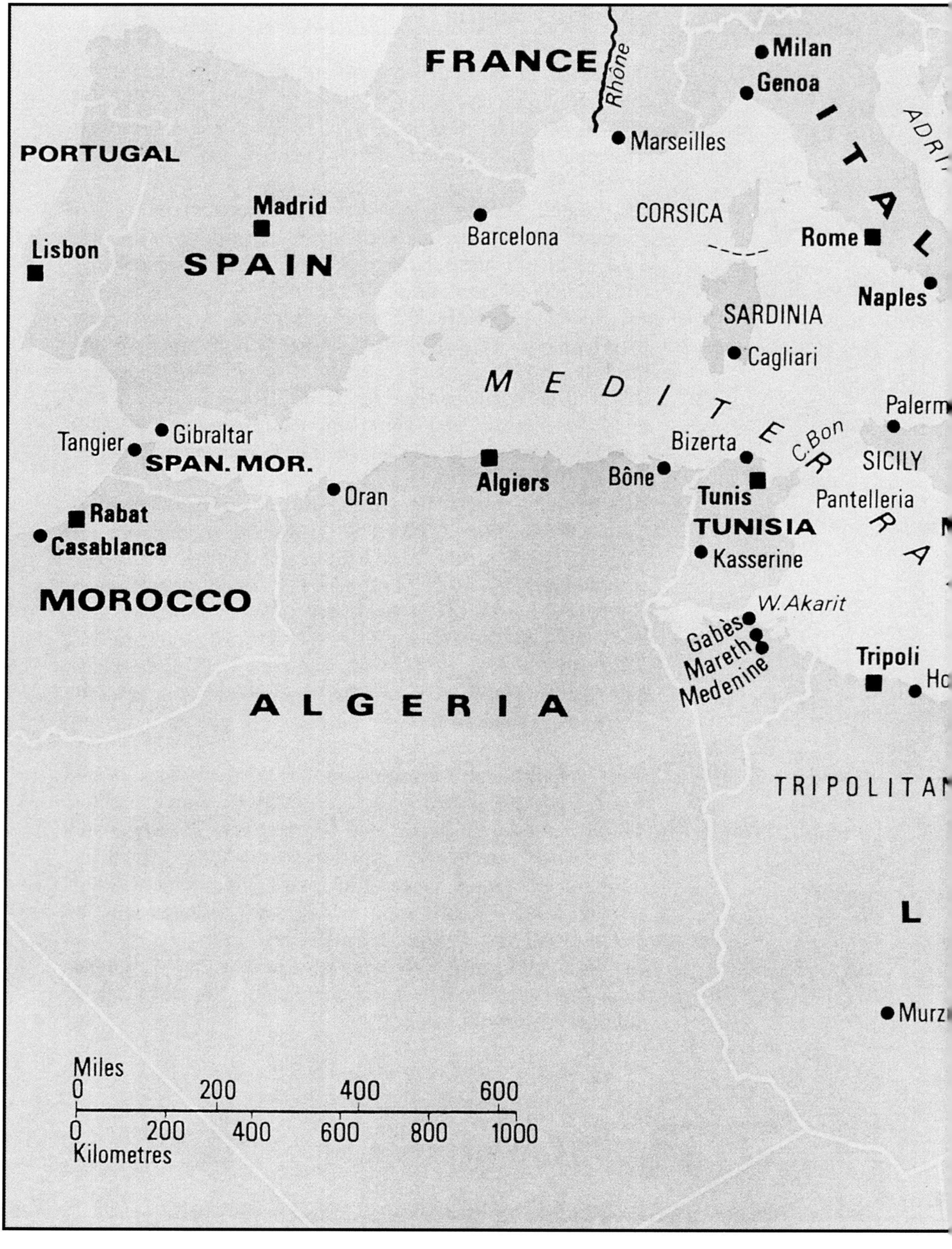
FRANCE
Rhône
Milan
Genoa
PORTUGAL
Marseilles
I T A L
ADRI
Madrid
CORSICA
Barcelona
Rome
Lisbon
SPAIN
Naples
SARDINIA
Cagliari
M E D I T E R R A
Palerm
C.Bon
Tangier
Gibraltar
Bizerta
SICILY
SPAN. MOR.
Algiers
Bône
Tunis
Pantelleria
Oran
Rabat
TUNISIA
Casablanca
Kasserine
MOROCCO
W.Akarit
Gabès
Mareth
Medenine
Tripoli
Ho
A L G E R I A
TRIPOLITA
L
Murz
Miles
0 200 400 600
0 200 400 600 800 1000
Kilometres

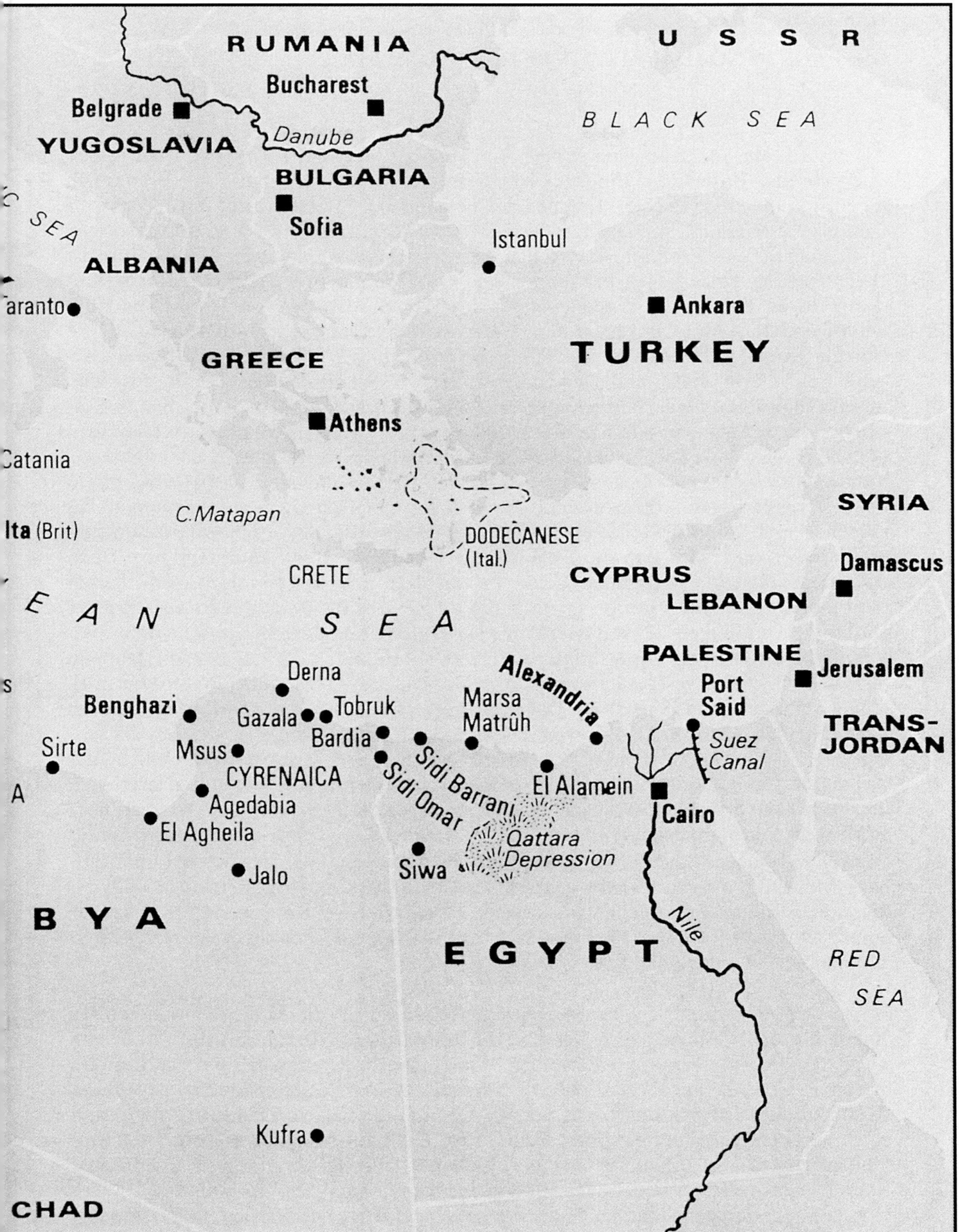
RUMANIA
U S S R
Bucharest
Belgrade
YUGOSLAVIA
Danube
BLACK SEA
BULGARIA
Sofia
C SEA
ALBANIA
Istanbul
aranto
Ankara
GREECE
TURKEY
Athens
Catania
SYRIA
C.Matapan
lta (Brit)
DODECANESE
(Ital.)
CRETE
CYPRUS
Damascus
LEBANON
E A N
S E A
PALESTINE
Jerusalem
Alexandria
Port
Said
Derna
Benghazi
Gazala
Tobruk
Marsa
Matrûh
TRANS-
JORDAN
Bardia
Suez
Canal
Sirte
Msus
Sidi Barrani
CYRENAICA
Sidi Omar
El Alamein
Cairo
Agedabia
El Agheila
Qattara
Depression
Jalo
Siwa
B Y A
Nile
EGYPT
RED
SEA
Kufra
CHAD

DAS JAHR 1941

DIE LAGE IN NORDAFRIKA 1940/41

Als am 10. Mai die deutschen Armeen im Westen zum Angriff antreten, steht Italien noch abseits. Unter dem Eindruck der Erfolge, die von den tief nach Frankreich hineinstoßenden deutschen Truppen im neuerlichen "Blitzfeldzug" errungen wurden, glaubt Mussolini nicht länger warten zu können, will er im letzten Augenblick noch einen Teil der Beute für Italien beanspruchen. Am Abend des 10. Juni ist Italien in den Krieg gegen Frankreich und Großbritannien eingetreten. Ungeachtet der geringen Erfolge der Italiener gegen Frankreich, die sogar noch deutsche Hilfe benötigen, stellt Mussolini nach dem Waffenstillstand lautstark Forderungen auf die Gebiete Korsika, die Riviera und Tunis. Da er mit diesen Vorschlägen auf wenig Gegenliebe in Berlin stößt, muß sich Italien anderswo schadlos halten. Es gilt, das altrömische Imperium wieder aufzubauen und das Mittelmeer zu dem zu machen, was es in Mussolinis Augen zu sein hat: das "Mare Nostrum" Italiens. Um dies zu erreichen, muß aber erst ein Land geschlagen werden, Großbritannien, das seit dem 18. Jahrhundert das Mittelmeer beherrscht. An die 10. Armee und die 5. Luftflotte, die in der Cyrenaika liegen, ergeht deshalb der Befehl, die Offensive gegen Ägypten zu beginnen. Am 13. September überschreiten die Italiener die ägyptische Grenze und gelangen rasch nach Sidi Barrani, die Briten weichen hinhaltend kämpfend aus. Doch statt den sich zurückziehenden Feind zu verfolgen und weiter vorzustoßen, halten die Italiener bei Sidi Barrani an und beginnen ihre Nachschublinien auszubauen. Durch die Untätigkeit der Italiener ermutigt, ergreifen die Briten ihrerseits die Initiative und starten einen Entlastungsangriff, obwohl sie durch die Abgabe von Truppen nach Griechenland geschwächt sind. Am Morgen des 9. Dezember treten die britischen Einheiten zum Angriff an. Die an mangelhafter Ausrüstung leidenden Italiener haben dem Feind nichts Gleichwertiges entgegenzusetzen. Und das, was nur als zeitlich begrenzter Angriff geplant ist, entwickelt sich zu einem großartigen Feldzug der Briten und zum Zusammenbruch der italienischen Front. Am 8. Februar erreichen die britischen Spitzen El Agheila, nachdem sie die Italiener in zehn Wochen über 1.000 km weit zurückgejagt haben. Die 10. italienische Armee besteht nicht mehr. Die Briten können diesen Erfolg jedoch nicht entscheidend nützen. Da eine unmittelbare Bedrohung Ägyptens jetzt ausgeschlossen ist, tritt der Kriegsschauplatz Libyen hinter den Kampf in Griechenland zurück. Dort waren die Italiener am 28. Oktober einmarschiert, ein deutscher Einmarsch drohte, so daß London alle verfügbaren Truppen nach Griechenland warf.

In der Cyrenaika kehrt für den Augenblick Ruhe ein. In dieser Situation bleibt den Italienern nichts anderes übrig, als den Bündnispartner in Berlin um Hilfe zu bitten. Zwar hatte Deutschland, auf Betreiben Mussolinis, schon einmal Unterstützung, die 3. Panzer-Division, angeboten, doch der italienische Generalstab lehnte damals dieses Ansinnen ab. Die Rückschläge auf dem Balkan und die Lage in Libyen erfordern nun ein Eingreifen deutscher Truppen. Berlin kann nicht zulassen, daß die Briten im Mittelmeerraum die Oberhand gewinnen. Im Januar 1941 landen die ersten deutschen Kampfflugzeuge auf Wüstenboden. Inzwischen wird gemäß der "Weisung Nr. 22" des Oberkommandos der Wehrmacht der Sperrverband Afrika geschaffen, dem vorrangig Verteidigungsaufgaben zugedacht sind. Ursprünglich ist Generalmajor Frhr. v. Funk als Befehlshaber vorgesehen, doch Hitler, von dessen Lagebericht enttäuscht, setzt an seine Stelle Generalleutnant Rommel. Am 11. Februar landen die ersten Teile der 5. leichten Division in Afrika, und einen Tag später trifft Rommel ein, der Mann, der als Befehlshaber der 7. "Gespenster"-Division im Westfeldzug gezeigt hat, daß sein Sinn nicht nach Defensive steht.

When Italy entered the Second World War as a German ally on June 10, 1940, Mussolini's ambitions were manifold. His main interest was to reestablish the Roman Empire in a modernised form. When he failed to get his part of the booty after the defeat of France, Mussolini finally decided to increase the Italian influence in North Africa. On Sept 13, 1940, the Italian Marschal Graziani opened an offensive upon Egypt from Lybia, where the Italian army had been strongly reinforced, Graziani, however, could only make a halfhearted advance of some 65 miles into Egypt. After they had taken Sidi Barrani, the Italians dug in and Graziani refused to go any further for lack of supplies. The stalemate was finally broken, when the British under Wavell started a counterstroke on December 9, 1940. The operation was originally visualised in the nature of a powerful raid rather than an offensive, as the British forces were limited to two divisions. The "raid", however, turned into a full-scale victory thanks to the confusion of an ill-equipped enemy who had to fight under poor leadership. On February 8, 1941 leading elements of the British forces reached El Agheila. The British had driven back the Italians some 630 miles within ten weeks and thereby destroyed the 10th Italian Army completely. The Italians sent a plea for help to their German allies, which was answered very soon: from January 21. 1941 on, German battle-planes, soon to be followed bv tanks. artillerv and infantry were dispatched to Africa according to Hitler's "directive number 22". General Rommel, who had already shown his brilliant leadership, when he commanded the 7th ("Ghost") German Panzer Division during the French campaign, was destined to take command of the German forces in North Africa.

Mangelhaft ausgerüstet treten die italienischen Truppen am 13. September 1940 zum Angriff auf Ägypten an. In keiner Weise den gepanzerten und motorisierten Truppen gewachsen, werden sie zurückgejagt und dabei wird die 10. italienische Armee völlig vernichtet. Die Italiener müssen ihre Geschütze von Traktoren ziehen lassen, da sie nicht über geeignete Zugmaschinen verfügen.

Italian artillery on the march. Generally ill-equipped and poorly trained, the Italians began their first offensive on September 13, 1940. When they were driven back a couple of months later, the 10th Italian Army was completely annihilated.

Während sich die Italiener bei El Agheila allmählich fangen, werden in süditalienischen Häfen die ersten Teile des Afrika-Korps verladen. Hier ein Pz III, zu dieser Zeit des Krieges das Rückgrat der deutschen Panzerdivisionen. Seine 3,7 cm Kanone reicht allerdings nicht aus, um die Panzerung der Briten zu durchschlagen. Unten ein Pz II, Ausführung B, auf dem Weg nach Tripolis. Um einen großen Aktionsradius zu haben, werden möglichst viele Reservekanister mitgeführt. Die Fahrzeuge müssen speziell für den Wüstenkampfplatz umgerüstet werden, vor allem sind neue Luftfilter nötig.

To avoid a complete Italian breakdown, German troops were sent to Africa early in 1941. A German Panzer III is being loaded aboard an Italian freighter. The main armament of this tank, a 37 mm gun, was to prove inadequate against British armour. Picture below shows a German Panzer II heading for Tripoli. To suit the conditions of desert warfare, most vehicles used special air filter. Extra fuel was carried in jerry cans.

Der Hafen von Tripolis ist erreicht. Oben wird ein "leichter Panzerspähwagen" Sd.Kfz 222 an Land gehievt. Die ersten Einheiten paradieren zwischen ihren Pz II und III durch die Straßen.

Tripoli harbour. Unloading of a light German armoured car. German units parading the streets of the town.

ROMMELS ERSTE OFFENSIVE

Vor dem Abmarsch an die Front. Ein Pz III in Tripolis. Zusätzlich werden Ersatzkettenglieder und Ersatzlaufrollen mitgeführt. Ohne zu zögern, läßt Rommel seine Truppen gegen den Feind marschieren. Panzerspähwagen nehmen als erste Gefechtsberührung mit den Briten auf.

A German Panzer III in Tripoli. In action most AFVs would carry spare tracks and extra road wheels with them to ease maintenance. German armoured cars. The first fighting contacs are made with the British.

Durch den raschen Vorstoß der Deutschen überrumpelt, Rommel wirft jede Einheit, die in Tripolis landet, sofort an die Front, befinden sich die britischen "Wüstenratten" plötzlich in der Rolle des Gejagten. Dieser leichte Panzerwagen Mk II fiel den ersten Gefechten zum Opfer. Unten: Immer weiter stoßen die Panzer III des Pz-Rgt. 5 in die Cyrenaika vor.

A British Mk II tank destroyed during the first German attacks. Rommel's early armoured thrusts caught the British by surprise. German Panzers III move up to battle area.

Hinhaltend kämpfend ziehen sich die Briten vor dem Afrika-Korps zurück. Bei einem Rückzugsgefecht wurde dieser A-10 Cruiser Mk II abgeschossen. Pz II fahren zur Rast in eine libysche Kaserne. Die extremen Bedingungen, Hitze, Kälte, Sand, und die Temperaturschwankungen zwischen Tag und Nacht, stellen die Männer aus Mitteleuropa auf eine harte Probe. Doch der deutsche Soldat meistert auch dies.

An A-10 cruiser tank disabled by the attacking Germans. The British were forced into a fighting retreat. Panzers II. Maintenance proved to be quite a problem in Africa. Heat, sand and dust were soon to take their toll.

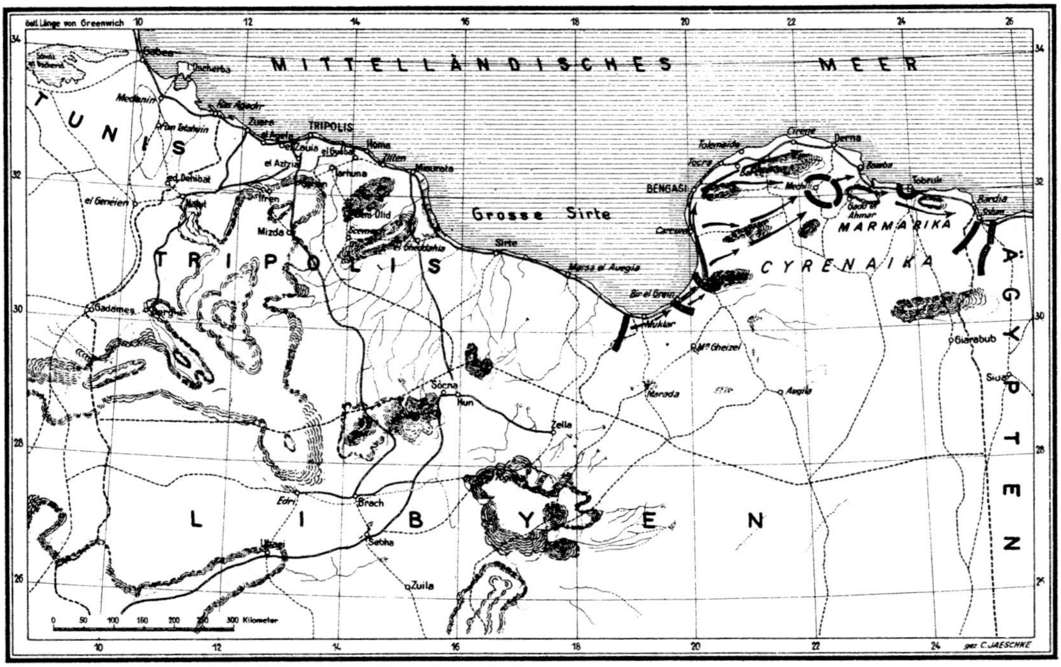

Auch der Wüstenkampf mit seinen völlig neuen Bedingungen ist ungewohnt, die Veteranen der Blitzfeldzüge passen sich aber der neuen Situation schnell an. Selbst vom Feind zurückgelassene, noch fahrbereite Panzer, werden sofort in Besitz genommen und verwendet, was dieser von deutschen Soldaten bemannte Matilda beweist.

A captured "Matilda" tank in use against its former owners. With increasing demands and supply being far from satisfying, the Germans had to make do with adaptions very often.

Nach der Einnahme Agedabias teilt Rommel seine Streitmacht. Während ein Teil entlang der Küste über Bengasi, Barka und Derna mit Unterstützung der "Division Brescia" auf Tobruk vorstößt, läßt er Teile der 5. leichten Division mit der Pz.-Div. Ariete von Süden aus der Wüste heraus, quer durch die Cyrenaika, die britischen Rückzugslinien angreifen. Tobruk wird eingeschlossen. Der Kampf um den wichtigen Nachschubhafen beginnt.

After he had taken Agebadia, Rommel divided his forces and launched a full-scale offensive to recover Cyrenaika. By swift moves round his opponents' flank and into their rear, he disrupted their dispositions and forced them into retreat through the open desert, while another task force attacked along the coastline. The Germans reached Tobruk but failed to take it. The siege of Tobruk began.

Bei den ersten Zusammentreffen mit dem britischen Matilda zeigt sich dieser so stark gepanzert, daß eine 5 cm Pak die Frontpanzerung erst bei 450 m durchschlägt. Oft ist die Wunderwaffe 8,8 cm Flak der letzte Ausweg, um die britischen Panzer zu stoppen. Die Granaten der Hochgeschwindigkeitskanone (V_O von 825 m/sec) durchschlagen die Panzerung jedes Feindpanzers.

While even the modern German 50 mm anti-tank guns proved in effective against the "Matilda" sometimes, the famous "8,8" flak reigned supreme, knocking out many of these heavily armoured vehicles.

Die durch den schnellen Vormarsch immer länger gewordenen Nachschublinien bilden ein ernstes Problem für das Afrika-Korps. Eine Gruppe Pz II und Pz III bei einem Versorgungshalt. Unten erkennt man, daß die deutschen 2 cm und 3,7 cm Granaten den Matilda oft nur ankratzen.

German tanks at a refueling point. The offensive had overstretched Rommel's supply lines.

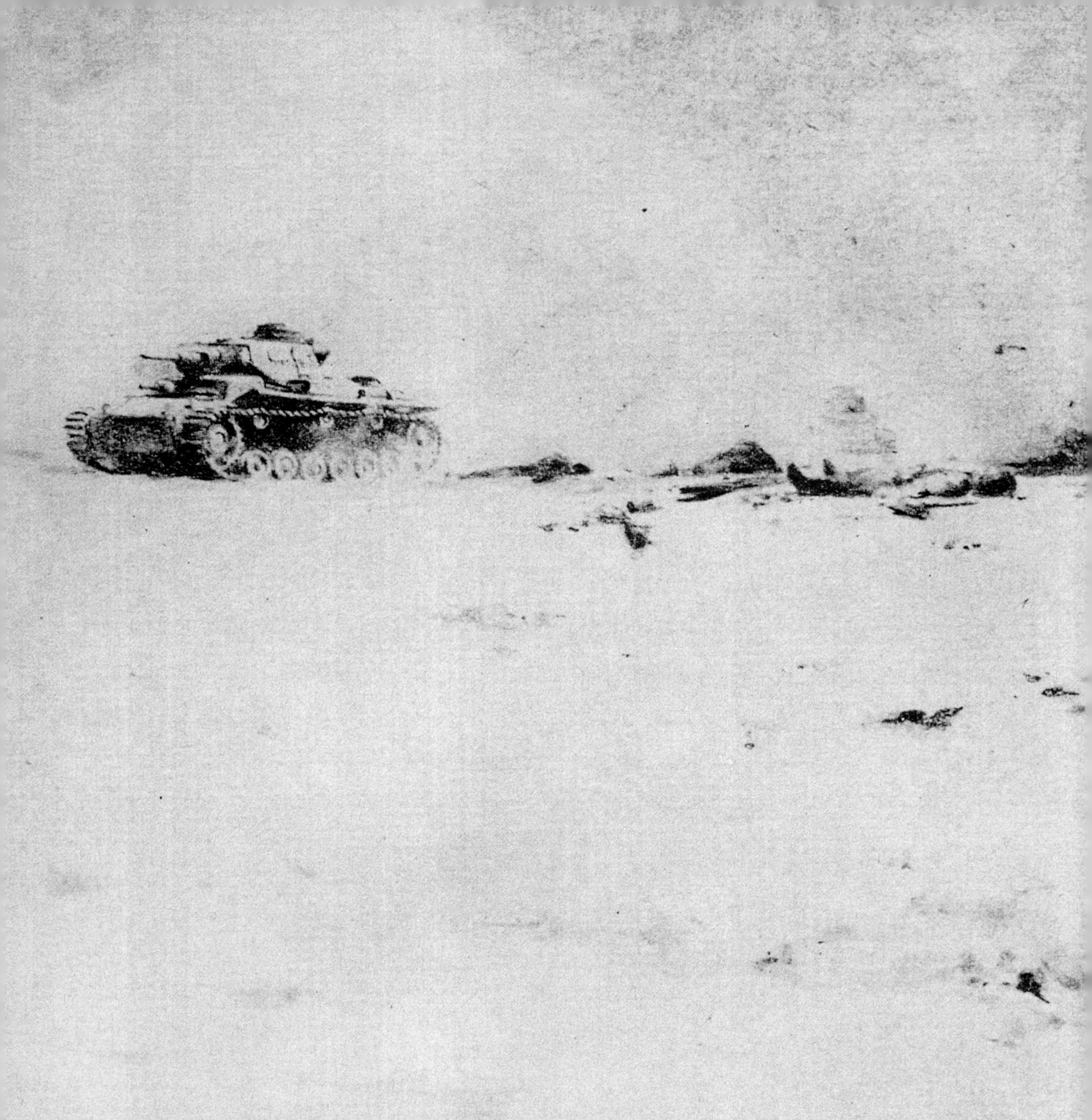

Den deutschen Truppen gelingt es nicht, Tobruk im ersten Ansturm zu nehmen. Den ganzen April über tobt der Kampf um den Hafen, der von den Australiern heldenhaft und listenreich verteidigt wird. Am 12. April gewinnt zwar die Spitze des Afrika-Korps, eine kleine Kampfgruppe, das Grenzfort Capuzzo; Teile des Kradschützenbataillons 15 und der Panzerjägerabt. 33 stürmen Sollum, ägyptischer Boden ist erreicht, doch Mangel an Sprit zwingt die Deutschen zum Halt. Tobruk ist immer noch in britischer Hand und steckt wie ein Pfahl im Fleisch der Nachschublinien der Achsenmächte.

After Capuzzo and Sollum had been taken, the German offensive came to a halt simply for lack of fuel. With the Germans standing on Egyptian soil already, Tobruk held out stubbornly.

Die Australier sind es besonders, die sich in Tobruk in jeden Quadratzentimeter Wüstensand krallen, die deutschen Angriffe laufen sich fest, und im Mai ist der Stillstand erreicht. Wavell, der britische Oberkommandierende, startet nun einen Entsatzangriff. Der britischen 22. Garde-Brigade gelingt es, den Halfayapaß zu nehmen. Rommel schickt in einem Umgehungsangriff das Pz-Regt. 8 in den Rücken der Briten und am 27. Mai ist der Paß wieder in deutscher Hand. Wieder zeigt sich die ungenügende Bewaffnung der deutschen Pz II und III.

To drive the Germans back, a British counter offensive was started on May 15, 1941. The important Halfaya Pass was retaken temporarily, but a few days later the Germans were back again.

Rommel benützt den Turm eines italienischen M 13/40 als Aussichtspunkt. Gut zu erkennen ist der genietete Turm, der im Gegensatz zum geschweißten mehr Gefahr als Schutz für die Besatzung ist. Die Aufschlagwucht der Granaten, auch wenn sie die Panzerung nicht durchschlagen, bewirkt oft, daß sich die Nieten lösen und wie Geschosse durch den Kampfraum fliegen. Unten die Aufnahme eines Pz III D mit 3,7 cm Kanone und zwei MG am Turm. Spätere Ausführungen hatten im Turm nur noch ein MG.

The turret of an Italian M13/40 tank is used as an observation platform. This tank was a badly designed and poorly equipped vehicle. The "D" version of the Panzer III. This was the only version of this tank to feature two coaxially mounted machine guns in the turret.

OPERATION "BATTLEAXE"

Churchill drängt indessen immer mehr auf eine entscheidende Offensive. Nachdem ein Konvoi, durch das Mittelmeer fahrend, Panzer und Flugzeuge nach Alexandria gebracht hat, beginnt am 15. Juni die "Operation Battleaxe". Am Halfayapaß bleiben die Matildas und Cruiser im Abwehrfeuer der 8,8 cm Flak liegen. Doch am Paß vorbeistoßend nehmen die Briten Capuzzo und stoßen weiter in die Cyrenaika vor.

A new British offensive ("Battleaxe") began on June 15, 1941. Although initially successful in the Cyrenaika, it failed to penetrate the German defences at the Halfaya Pass.

Während die britischen Panzer-Brigaden durch das Feuer der deutschen Pak's dezimiert werden, führt Rommel, hier in seinem Funk-SPW (Sd.Kfz 250/3) seine Reserven heran.

While British tanks were fighting their way through the German defences, Rommel held his Panzers in reserve.

Es entwickelt sich der erste große Zusammenstoß zwischen den deutschen und britischen Panzern. Vor allem der Pz IV, hier eine Ausführung D, mit seiner 7,5 cm Kanone ist den Matildas und Cruisern überlegen, da er auf größere Entfernung das Feuer eröffnen kann. Der Pz. III ist eine Ausführung mit verstärkter Frontpanzerung (oben).

German medium Panzer IV. Its short 75 mm gun was a hard hitting weapon. This Panzer III features extra frontal armour.

Teile der 5. leichten Division auf dem Marsch tief nach Süden. Bei Sidi Omar sollen sie nach Osten schwenken und den Briten in den Rücken fallen.

Units of the German 5th Light Division on the march.

63

Der Gegenstoß der deutschen Panzer und die eigenen Verluste, fast die Hälfte der britischen Panzer bleibt zerstört zurück, zwingen die Briten zum Rückzug. Am Abend des 17. Juni haben sie ihre Ausgangsstellung erreicht. Das Afrika-Korps hat wieder gesiegt! Gegenüberliegende Seite: Ein deutscher Panzerangriff entfaltet sich. Unten ein Cruiser A-13.
Oben: Detailaufnahme eines Pz III. Vor dem Turm und der Fahrerfront sind zusätzliche Panzerplatten angebracht.

"Operation Battleaxe" proved to be a costly failure. Rommel drove the British back to their original positions, taking a heavy toll of British armour.

Nach dem Scheitern von "Battleaxe" läßt Rommel die Grenzbefestigungen verstärken und geht daran, die Bedrohung Tobruk auszuschalten. Die Truppen der Achse schließen den Ring noch enger. Churchill, der im Gegensatz zu Berlin Nordafrika nicht als Nebenkriegsschauplatz ansieht, will eine neue Offensive. Er hat Wavell durch Auchinleck ersetzt und befiehlt, sofort mit den Vorbereitungen zu beginnen. Hauptaufgabe für die britischen Panzer-Brigaden soll es sein, am Halfayapaß vorbeistoßend das Afrika-Korps in eine vernichtende Panzerschlacht zu verwickeln und Tobruk zu entsetzen. Der Nachschub für die 8. Armee wird verstärkt und schließlich verfügen die Briten über 700 Panzer, darunter die neuen Crusader II und der leichte Stuart aus den USA. Die Zahl der Achsenpanzer beträgt etwa die Hälfte. Eine Kolonne Crusader II rückt in die Ausgangsstellung vor. Am 18. November beginnt die "Operation Crusader".

On November 18, 1941 the British launched another offensive-"Operation Crusader" whose main objective was to raise the siege of Tobruk and to destruct the Axis armoured forces in large tank battles. Picture shows a column of Crusader Mk II tanks moving up to the battle area.

Ohne auf viel Gegenwehr zu treffen, erreicht die britische 7. Pz-Brig. Sidi Rezegh. Erst am Nachmittag schickt die 21. Pz-Div. eine Kampfgruppe. Die ersten Gefechte Panzer gegen Panzer entbrennen. Oben passiert ein Crusader II CS einen abgeschossenen Pz IV. Der Crusader verfügt über eine 4 cm Kanone und ist um die Hälfte schneller als der Matilda. Unten ein abgeschossener Cruiser Mk IV A, der noch von der britischen 7. Pz.-Div. verwendet wird.

The attack starts well: the 7th armoured brigade takes Sidi Rezegh against little opposition. A Crusader Mk II CS passing a destroyed German Panzer IV. Disabled Cruiser Mk IV A tank of the 7th armoured brigade.

Da Rommel den Angriff auf Tobruk weiterlaufen läßt, sind die britischen Panzer noch nicht mit der vollen Stoßkraft der deutschen Panzer konfrontiert. Sie können sogar die ersten deutschen Gegenangriffe bei Sidi Rezegh im erbitterten Kampf abwehren. Pz II und III brennen auf dem Schlachtfeld.

German counterattacks meet stiff enemy resistance. German tanks are burning on the battlefield.

Crüwell, Kommandeur der beiden deutschen Panzerdivisionen, setzt nun seine Panzer ein. Er verfehlt zwar, in Richtung Osten vorgehend, die britischen Verbände, dreht dann aber nach Südwesten ab und stößt auf den Feind. Dunkle Rauchsäulen markieren das Toben der Panzerschlacht.

Under the overall command of General Crüwell the main elements of two German Panzer Divisions finally face the British. Dark piles of smoke show the fury of the tank battles.

Zum erstenmal tritt der amerikanische leichte Stuart M3 Honey in Erscheinung. Er ist in Geschwindigkeit und Bewaffnung, einer 3,7 cm Kanone, dem Pz III ebenbürtig. In den Kämpfen am 20. November können sich die Honeys allein gegen die deutschen Panzer behaupten. Auf dem unteren Bild erkennt man das ausgeschwenkte FlaMG, ebenso als Beutegut einen deutschen Benzinkanister, der ein größeres Fassungsvermögen als die britischen hat.

The American Stuart "Honey" tanks hold their own against the panzers.

Um der britischen Offensive, die größer als erwartet ist, zu begegnen, wirft Rommel jetzt seine ganze Panzermasse in das Dreieck Sidi Rezegh - Bir El Gubi - Gabr Saleh. In den Weiten der Wüste beginnt die Panzerschlacht. Oben: Ein abgeschossener Pz III. Unten: Die motorisierte Infanterie hält sich dicht hinter den Panzern.

The all-out tank battles continued. A "kill" for the British tanks. Infantry advancing under the cover of panzers.

Am Totensonntag 1941 zeugen brennende Panzerwracks vom Ringen Panzer gegen Panzer. Links eine 2 cm Flak auf leichter Zugmaschine (Sd.Kfz 10/4) im Erdeinsatz.

A German 20 mm flak in action against ground targets.

Bringt das Afrika-Korps den Crusadern auch schwere Verluste bei, so müssen die Deutschen doch auch ihren Tribut zahlen. Dieser wiegt vielleicht schwerer, da sie keine Reserven besitzen.

For lack of reserves, German tank losses could hardly be replaced.

Dennoch glaubt Rommel, den britischen Panzern einen entscheidenden Schlag versetzt zu haben. Er treibt am 24. November die 15. und 21. Pz-Div. auf die ägyptische Grenze zu. Wieder treten die Panzer zum Rennen durch die Wüste an. Ein Pz II, voll mit Ausrüstung und Soldaten, braust staubaufwirbelnd nach Osten. Unten ein Pz III der 21. Pz-Div. Da die gummibezogenen Laufrollen keine lange Lebensdauer haben, ist es wichtig, Ersatz mitzuführen. Die Kettenglieder am Bug geben zusätzlichen Schutz.

The "multi-layer battle" continues. In a cloud of dust a German Panzer II is making its way to the Egyptian border.

Sind die Kämpfe auch von erbittertem Ringen auf beiden Seiten geprägt, eines geht in Afrika nicht verloren: Die große Achtung vor dem tapferen Gegner und die ritterliche Haltung, mit der man zum Kampf antritt. Die 21. Pz-Div., hier zwei Pz II mit einer Pak-Zugmaschine, gewinnt die Grenze. Doch die Briten in der Wüste nutzen die Atempause.

Forward elements of the 21st German Panzer Division regained the Egyptian border, but the British were far from being defeated.

Die Neuseeländer dringen weiter auf Tobruk vor und aus der Wüste drücken die britischen Panzer, von denen viele auf dem Schlachtfeld repariert wurden, auf die Südflanke der deutschen Divisionen. Rommel verliert zeitweilig die Verbindung mit seinem Stab und in dieser Situation gibt Oberstleutnant i.G. Westphal dem DAK den Befehl, sofort mit höchster Geschwindigkeit zurück nach Westen zu marschieren. Die Lage wird kurzfristig gerettet. Aber der zunehmende Druck der Briten und vor allem der fehlende Nachschub lassen nur einen Ausweg zu: Rückzug auf Agedabia.

The British offensive is not broken: the Germans are unable to prevent the first relief of Tobruk. They have to start a fighting retreat which was to lead them back all the way from Egypt to Agedabia.

Auf demselben Weg, der sie im Frühjahr vorwärts stürmen sah, ziehen sich die Achsentruppen, nun verfolgt von der 8. britischen Armee, zurück. Am 31. Dezember stoppt Rommel auf der El-Agheila-Linie. Die Briten haben einen taktischen Erfolg gewonnen. Doch auch sie sind von den harten Kämpfen gezeichnet. Nun kommt es darauf an, wer als erster seine Truppen auffrischt, um einen neuen Waffengang zu wagen.

The Germans retreat. By the end of 1941 both sides had suffered crippling losses and a race was on to bring the opposing armies up to strength.

DAS JAHR 1942
ROMMELS ZWEITE OFFENSIVE

Da die Briten im Glauben, das Afrika-Korps sei im Augenblick geschlagen, vor El Agheila anhalten und mit dem weiteren Vormarsch zögern, geben sie Rommel genügend Zeit, wieder Offensivpläne zu entwickeln. Vor allem durch vermehrte Angriffe des II. deutschen Fliegerkorps auf Malta ist der Nachschub für Tripolis gesichert. Neu aufgefrischt, Rommel besitzt jetzt wieder über 200 Panzer, schlägt er im Januar überraschend für die Briten und sogar für das deutsche Oberkommando in Berlin los, um eventuelle Aufmarschpläne der Briten zu vereiteln. Unten der Angriffsbefehl Rommels am 21. Januar 1942.

As the Axis forces had the advantage of shorter supply lines from Italy now and better protection for their convoys thanks to heavy German air attacks on Malta, Rommel was ready to attack in January 1942 with some 200 tanks on strength. The offensive caught the British completely off-balance. Picture below shows Rommel's offensive order for January 21, 1942.

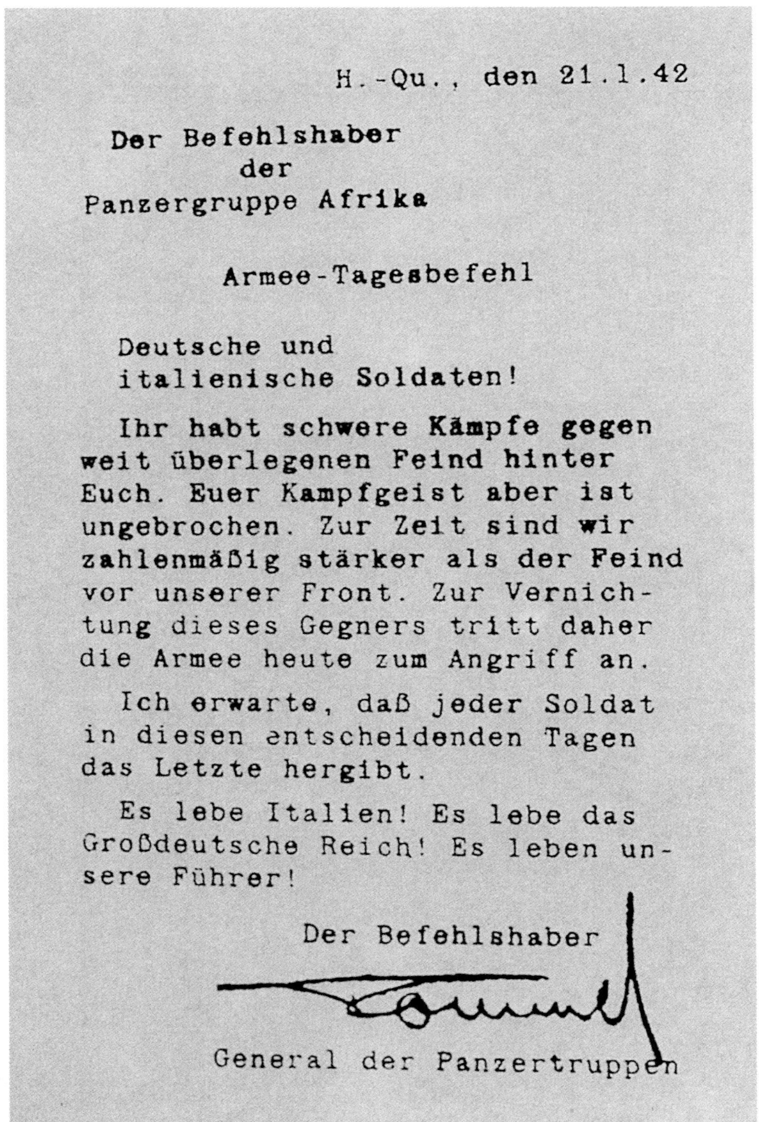

H.-Qu., den 21.1.42

Der Befehlshaber
der
Panzergruppe Afrika

Armee-Tagesbefehl

Deutsche und
italienische Soldaten!

Ihr habt schwere Kämpfe gegen weit überlegenen Feind hinter Euch. Euer Kampfgeist aber ist ungebrochen. Zur Zeit sind wir zahlenmäßig stärker als der Feind vor unserer Front. Zur Vernichtung dieses Gegners tritt daher die Armee heute zum Angriff an.

Ich erwarte, daß jeder Soldat in diesen entscheidenden Tagen das Letzte hergibt.

Es lebe Italien! Es lebe das Großdeutsche Reich! Es leben unsere Führer!

Der Befehlshaber

Rommel

General der Panzertruppen

Oben: Eine deutsche Aufklärungseinheit, hier der leichte Panzerspähwagen Sd.Kfz 222 mit 2 cm Kanone, beobachtet den Feind.

Links: Zum zweitenmal befinden sich deutsche Panzer im Vormarsch auf den Pisten der Cyrenaika. Die Kriegsberichterstatter begleiten die Truppe in vorderster Linie, um der Heimat die Eindrücke des Kampfes mitzuteilen. Hier wird die ungeheure Staubentwicklung deutlich, die die Fahrzeuge auf den unbefestigten Rollbahnen erzeugen. Der Rest der Kolonne ist vollkommen in den Staubfahnen verschwunden.

Left: German panzers on the move again. This armoured column is accompanied by war correspondents, who will give a vivid picture of modern warfare to the German civil population. Upper picture: A German recce unit.

Rasch und ohne auf großen Widerstand der überrumpelten Briten zu stoßen, erreichen die deutschen Panzer Agedabia. Hier teilt Rommel, wie im Frühjahr zuvor, seine Truppen. Während ein Teil entlang der Küste vordringt, marschieren die Panzerverbände, im unteren Bild italienische M 13/40 der Division "Ariete", durch die Wüste.

Italian Fiat M 13/40 tanks advancing during the offensive, which kept the British 8th Army on the run for several weeks.

Waffenkameradschaft in der Wüste. Ein italienischer Kurier überbringt Meldungen an eine deutsche Aufklärungsabteilung. Das Fahrzeug ist ein schwerer Panzerspähwagen Sd. 232 mit 2 cm Bordkanone. Die Bügelantenne weist auf eine spezielle Funkausrüstung hin.
Unten: Eine Kolonne mit Panzerspähwagen und Pz II während einer kurzen Marschpause.

German heavy armoured car in the desert. This is a command version featuring extra wireless equipment. Below: A mixed column of armoured cars and Panzers II during a short rest.

Zügig geht der Vormarsch weiter. Am 25. Januar wird Msus genommen, und nach Auffrischung der Vorräte stößt ein Teil des Afrika-Korps nach Bengasi, das am 29. Januar fällt. Der andere Teil versucht, den Briten den Rückweg abzuschneiden. Nicht geringen Anteil an den Verlusten der britischen Panzerbrigaden haben die deutschen Panzerjäger. Hier ein Marder III (Sd.Kfz 139) mit 7,62 cm Panzerabwehrkanone auf tschechischem Fahrgestell.

German "Marder (Marten) III" tank hunter. Originally conceived as a stop-gap against the Russian T 34 tanks, the "Marten" consisted of a Russian 76 mm anti-tank gun mounted on an ex-Czechoslovakian light tank chassis. In Africa German tank hunters took a heavy toll of British armour.

Die britische 8. Armee wird weiter zurückgeworfen. Ein verlassener M3 Stuart wird von deutschen Soldaten besichtigt. Links neben dem Panzer erkennt man eine deutsche 3,7 cm Panzerabwehrkanone, wegen ihrer geringen Durchschlagskraft auch "Heeresanklopfgerät" genannt. Am 6. Februar ist die Cyrenaika wieder in der Hand der Achsentruppen. Die Briten errichten bei Ghazala eine Verteidigungsstellung. Rommel ist gezwungen, auf Grund mangelhafter Versorgung mit Nachschub, fast drei Monate untätig auf der Stelle zu verharren.
Die Besatzung eines Pz III nützt die Zeit der Kampfruhe für eine große Wäsche.

After reconquering western Cyrenaika in a series of successful attacks within three weeks, Rommel was finally halted west of Gazala due to lack of fuel and supplies. German soldiers inspect an abandoned "Stuart" tank. Rest did not necessarily mean inactivity to this German tank crew.

DIE SCHLACHT VON GHAZALA

Die von den Briten ausgebaute Ghazala-Stellung reicht von Ghazala an der Küste ca. 80 km weit nach Süden bis Bir Hakeim. Sie besteht aus ausgedehnten Minenfeldern und dazwischen liegenden Verteidigungsstellungen, sogenannten "boxes", in denen sich die Infanterie mit Artillerie und Panzerabwehrkanonen verschanzt hat. Die britischen Panzer stehen hinter den "boxes" bereit, um in den Kampf einzugreifen. Am 26. Mai bricht der Angriff Rommels los. Die italienischen Infanteriedivisionen greifen frontal an. Rommel führt seine Panzerverbände nach Süden, um bei Bir Hakeim wieder nach Norden zu schwenken und die Briten im Rücken zu fassen.

The main static element of the British forces was deployed now along the so-called "Gazala line", which consisted of an inter-connected system of defence "boxes" while the armour was kept as a mobile reserve behind the line. As the southern flank of the "Gazala line" at Bir Hakeim extended into the empty desert, Rommel opened his new offensive on May 26, 1942 with a diversion in the north by the Italian infantry, followed by a wide flanking manoeuvre with his panzers in the south to outflank the British positions.

Anfangs rollt der Angriff der Achsentruppen planmäßig. Die deutsche 15. und 21. Panzer-Division stoßen nach Norden bis zum Sidra-Rücken.

While the initial German moves are very successful . . .

Jetzt greifen die Briten die deutschen Flanken an und die Besatzungen in den Pz III und IV erleben eine böse Überraschung! Der neue amerikanische Panzer Grant erscheint auf dem Schlachtfeld. Mit seiner 7,5 cm Hauptkanone haben die Briten endlich ein Kampffahrzeug, das dem Pz IV waffenmäßig gewachsen und dem Pz III überlegen ist. Beim ersten Angriff der britischen 4. Panzer-Brigade mit 65 Grant-Panzern verliert die deutsche 15. Panzer-Division innerhalb kürzester Zeit 100 Panzer.

. . . the situation changes dramatically when the panzers meet large numbers of American "Grant" medium tanks for the first time in this war. Within several hours the German 15th Panzer Division lost 100 tanks on the battlefield.

Die deutschen Panzerverbände befinden sich in höchster Gefahr, abgeschnitten zu werden. Um die Situation zu bereinigen, gibt es nur ein Mittel: die gefürchtete deutsche 8,8 cm Flak! Das Flakregiment 135 geht mit allen Rohren in Stellung. Die Batterien errichten eine drei Kilometer lange Front. Schuß auf Schuß jagt aus den Geschützen. Und an dieser Feuerwand zerbricht der Ansturm der Grant-Panzer.

The British counterattacks were finally checked by the concentrated firepower of the "8,8" flak guns of Flakregiment 135.

Noch ist das Deutsche Afrika-Korps nicht außer Gefahr. Es steckt genau zwischen dem Minenriegel der Ghazala-Stellung im Westen und den britischen Panzern im Osten. Am 1. Juni gelingt es Rommel, indem er völlig unerwartet im Westen durch die Minenfelder durchbricht, seine Nachschublinien sicherzustellen. Ein Gegenangriff von Matildas und Valentines der britischen 22. Panzer-Brigade wird unter schweren Verlusten für die Angreifer abgewiesen.

Still clinched in the "Chauldron" between minefields in the west and British armour in the east, Rommel finally managed to secure his supply-lines after heavy fighting on June 1, 1942.

Am 11. Juni nimmt die deutsche 90. leichte Division endlich Bir Hakeim und gleichzeitig stößt Rommel abermals mit seinen Panzern im Süden vor und versucht, mit seinen Verbänden nordwärts eilend, die Küste zu erreichen. Nun muß die britische 8. Armee fluchtartig die Ghazala-Stellung verlassen, um nicht eingekesselt zu werden. Am 16. Juni erreicht die 15. Panzer-Division hinter Tobruk die Küste. Wieder schließen die Achsentruppen den Ring um Festung und Hafen. Diesmal muß Tobruk fallen!

On June 11 Bir Hakeim fell to the Germans. The British were unable to meet Rommel's next flanking move and had to give up the "Gazala line" completely.

Brennende Versorgungs- und Öllager | Balkensperre | Rauchwolke | Schiffe, die auf die See zu entkommen versuchen | Dämme, die vom nördlichen Ufer unter Feuer genommen werden | Felsen | Wracks | Panzer am Ufer | Panzerkampfwagen brechen zum Hafen durch

Sträucher und spärliche Bäume | Übersiedlung des Hauptquartiers | Staub | Vorgerückte Feindpanzer

rino (…ier) | Sperrfeuer | Erster Versuch, am Mittwochnachmittag durchzubrechen | Flakbatterien, die nacheinander außer Gefecht gesetzt werden | Deutscher Durchbruch von El Adem und Ed Duda her | Bombenvorbereitung für den Angriff | Schweres Artillerie-Sperrfeuer

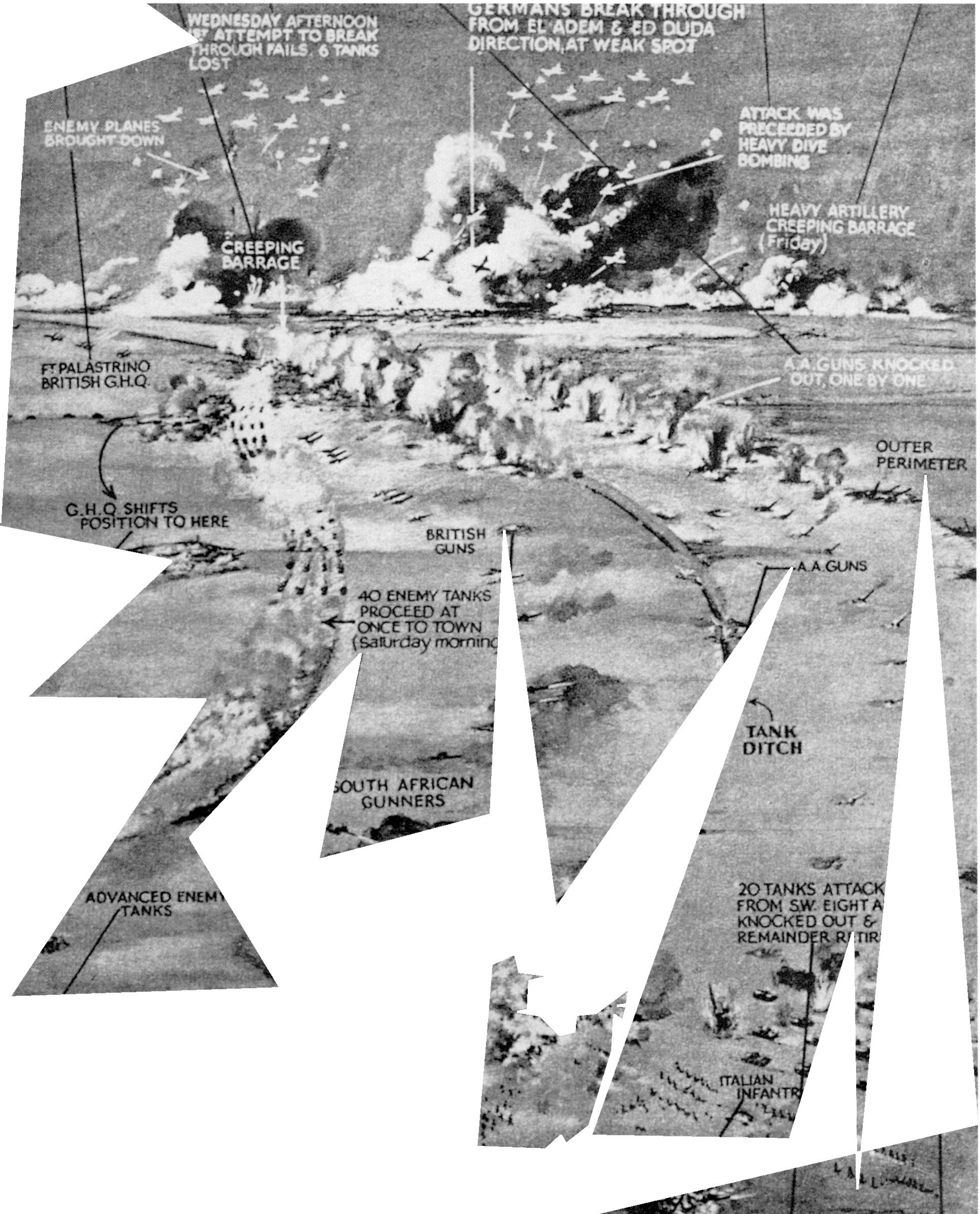

…gen) | Britische Artillerie | Flak | Italienische Infanterie | 20 Tanks greifen aus südwestlicher Richtung an | Äußerer Verteidigungsgürtel

Der Wüstenfuchs überlistet diesmal Auchinleck und die 8. Armee. Er verfolgt die Briten entlang der Küste weiter und läßt Tobruk links liegen. Nach zwei Tagen schwenken die Achsentruppen jedoch um 180° und stehen mit ihrer ganzen Masse vor Tobruk. Am 20. Juni beginnt, nach heftigem Bombardement durch deutsche Kampfflugzeuge, der Sturm. Oben: Pz III in Bereitstellung vor den Verteidigungsanlagen. Als zusätzlicher Schutz liegen Sandsäcke vor der Fahrerfront. Unten: Unaufhaltsam rücken die Achsentruppen durch die britischen Stellungen auf den Hafen vor. Am 21. Juni ist es soweit. Tobruk ist in Rommels Hand!

After reaching the coast on June 16 east of Tobruk, Rommel's panzers swept past the town as if heading for the Egyptian frontier, then suddenly switched round and struck at Tobruk, which fell on June 21 to violent Axis attacks. Upper picture: German Panzer III ready to attack. Below: Street fighting in Tobruk.

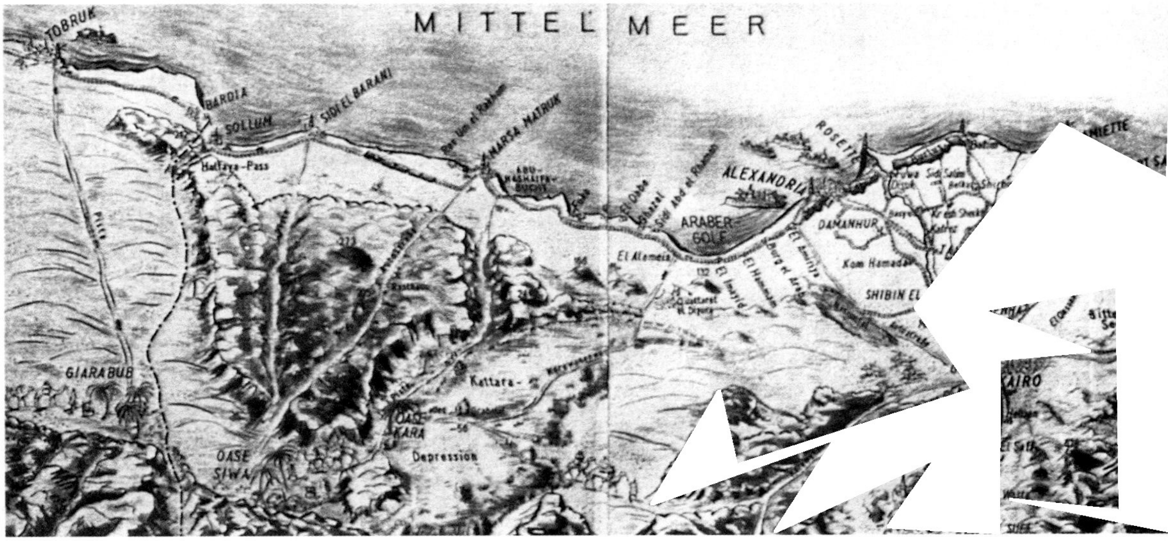

Die britische 8. Armee erhält Befehl, sich von der ägyptischen Grenze weg auf Marsa Matruh zurückzuziehen, um eine neue Verteidigungsstellung zu errichten. Obwohl Rommel nur noch über 60 intakte Panzer verfügt, greift das Afrika-Korps den Gegner weiter an. Der Kommandant eines Pz III und die Besatzung eines leichten Schützenpanzers Sd.Kfz 250/3 beobachten den weichenden Feind.

With the 8th Army withdrawing from the Egyptian frontier, the German advance continued.

DIE SCHLACHT VON MARSA MATRUH

Am 26. Juni steht Rommel mit seinen Verbänden vor Marsa Matruh und greift sofort an. Während die deutsche 15. Panzer-Division im Süden durch die britische 1. Panzer-Division aufgehalten wird, gelingt es der deutschen 90. leichten Division und der 21. Panzer-Division trotz starker Gegenwehr der Briten, die sich zu heftigen Kämpfen entwickelt, durch die Minenfelder durchzustoßen. Die 90. leichte Division gewinnt am 27. die Küste und blockiert die Straße nach Osten. Die in Marsa Matruh eingeschlossenen Commonwealth-Truppen brechen in kleinen Gruppen aus. Auchinleck zieht die 8. Armee noch weiter zurück. Bei El Alamein wird die neue Auffanglinie vorbereitet. El Alamein, noch steht der Name nur für eine einsame Bahnstation in der Wüste. Doch hier würde die entscheidende Schlacht geschlagen werden, von der das Schicksal Ägyptens abhängt.

After reaching Marsa Matruh on June 26, Rommel simply repeated his successful encircling tatics, cutting of the coast road east of the town. The 8th Army had to continue its withdrawal to the east leaving several thousand prisoners to the Germans, while a new British defensive line was under preparation at El Alamein.

Pz III überrollen eine britische Geschützstellung bei Marsa Matruh.

A British artillery position has been overrun by German panzers III.

Links: Die Nachschublage für das Afrika-Korps wird immer katastrophaler. Trotz dauernder Mahnungen Rommels trifft der Ersatz nur spärlich in den nordafrikanischen Häfen ein. Malta ist immer noch in britischer Hand und von dort starten die Bomber und laufen die Schiffe aus, die fast zwei Drittel des Achsennachschubs auf den Grund des Meeres schicken. Außerdem frißt die Front in Rußland Männer und Material, die in Afrika dringend gebraucht würden. Ein Pz IV, der heil afrikanischen Boden erreicht hat.
Links unten: In der deckungslosen Wüste bildet sogar ein britisches Panzerwrack deutschen Soldaten willkommenen Schutz.
Unten: Rommel, hier sein von den Briten erbeutetes Befehlsfahrzeug, plant jedoch, ungeachtet seiner Verluste, weiter vorzudringen. Unter dem Eindruck des britischen Rückzugs glaubt er, schnell eine Entscheidung erzwingen zu können. Er weiß, jenseits von El Alamein winkt der Sieg.

Left: With Malta being still in British hands, the Axis supply convoys suffered crippling losses on their way across the Mediterranean. While Rommel was steadily pleading for reinforcements, the bulk of men and material was continuously flowing to the Eastern front. Picture shows a Panzer IV which luckily reached African soil.
German infantry taking cover behind a destroyed British tank.
Below: Despite of heavy losses Rommel decided to continue his attacks on the retreating British.

Die Weite und Endlosigkeit eines Teils von Nordafrika zeigt eindrucksvoll dieses Bild. Ein Pz III auf einsamer Kampfpatrouille.

A Panzer III on lonely patrol somewhere in the desert.

Rommel, der im Gegensatz zum britischen Oberbefehlshaber seine Truppen an der Spitze führt, betrachtet einen abgeschossenen M3 Stuart. Sein weiterer Angriffsplan sieht vor, an El Alamein vorbei, entlang des Ruweisat-Rückens die britischen Linien zu durchstoßen. Pz IV mit aufgesessener Infanterie rollen zum Angriff vor.

A destroyed "Stuart" under close inspection. Rommel intended to breach the British positions at El Alamein by a concentrated armoured thrust along the Ruweisat Ridge. Infantrymen catch a ride on their way to the front.

Trotz ihrer gelichteten Reihen und ihres zusammengeschmolzenen Fahrzeugbestandes sind die deutschen Panzermänner mehr denn je entschlossen, den greifbar scheinenden Sieg nicht entgleiten zu lassen. Mit bewundernswerter Standfestigkeit ertragen sie alle Unbill der Wüste. Doch es wird immer deutlicher, daß der Erfolg letztlich davon abhängen wird, ob die Achsenmächte genügend Nachschubmaterial über das Mittelmeer schicken. Mittlerweile verfügt Rommel nur noch über 50 einsatzbereite Panzer.

With his armoured strength already down to some 50 panzers Rommel had to recognize that the outcome of further battles would mainly depend on the amount of available supplies and spares. Morale of the German "tankers", however, was high as ever.

DIE ERSTE SCHLACHT VON EL ALAMEIN

In der ersten Schlacht von El Alamein gelingt es den Briten, den deutschen Angriff abzuschlagen. Zuerst binden sie Rommels letzte Reserven, indem sie den Italienern rechts und links des Afrika-Korps schwere Verluste beibringen. Rommel muß den Italienern zu Hilfe eilen. Dann erzwingen die Briten durch erbitterte Gefechte am 14./15. und 21./22. Juli am Ruweisat-Rücken, in denen sie die deutsche 15. und 21. Panzer-Division zum Stehen bringen, den Abbruch der deutschen Offensive. Rommel muß halten, um seine Truppen neu zu formieren. Hier passiert ein Grant-Panzer einen brennenden Pz II. Der Grant hat einen großen Nachteil: Die 7,5 cm Hauptkanone muß mit dem ganzen Fahrzeug grob ausgerichtet werden, was die Beweglichkeit einschränkt und die Deckung erschwert.

The German advance was halted at El Alamein after a series of furious battles which raged from June 14 to 22. Both sides suffered heavy losses. As a result the Axis forces had to abandon all offensive moves and to dig in temporarily. A "Grant" medium is passing a burning Panzer II.

Inzwischen hat Churchill, da Auchinleck vor September keine Offensive starten will, Montgomery als neuen Befehlshaber der 8. Armee eingesetzt. Der britische Plan sieht folgendes vor: El Alamein wird durch Minenfelder und Verteidigungsstellungen, die von der Küste nach Süden reichen, geschützt. Die Südflanke ist durch den Alam-Halfa-Rücken gedeckt, der sich parallel zur Küste hinzieht. Hier steht auch die Masse der britischen Panzerverbände bereit. Und Rommel wird wieder seine alte Taktik anwenden: Frontale Nebenangriffe auf die Verteidigungsstellungen und gleichzeitig der Versuch, mit den Panzer-Divisionen im Süden durchzubrechen. Dann Einschwenken nach Norden zur Küste und Einschließung der 8. Armee bei El Alamein. Unten: Ein Pz IV wird in die Ausgangsstellung eingewiesen.

Due to his hesitation to launch an early counteroffensive, Auchinleck was replaced by Lieutenant-General Montgomery as a commander of the 8th Army. As Montgomery expected a German armoured thrust along the Alam Halfa Ridge to outflank the British and cut their supply lines, the bulk of Allied armour was concentrated around this area. Below: A Panzer IV is given marshalling directions.

Oben: In den an natürlichen Panzerhindernissen armen Gelände sind Minen das einzige Mittel, um größere Panzerverbände aufzuhalten oder sogar zu stoppen. Beide Seiten verwenden sie in großer Zahl. Panzer, die in ein Minenfeld geraten, sind leichte Beute für Artillerie und Panzerabwehrkanonen. Unten: Die Schlacht von Alam Halfa beginnt! In der Nacht des 30. August beginnt Rommel mit dem gesamten Afrika-Korps im Süden den Angriff.

Upper picture: Both sides built up large minefields to prevent large-scale operations of enemy armour in the open desert. Below: Rommel launched his attack on August 31 with a strong armoured thrust in the south. He intended to turn north behind Alam Halfa Ridge to cut off the British supply lines.

Die deutschen Panzer werden gleich zu Beginn durch die Minenfelder aufgehalten. Am Tage stürzen sich die Bomber und Jäger der Royal Air Force auf die Kolonnen. Schließlich gelingt es den Panzerverbänden, die Minenfelder zu überwinden und den Alam-Halfa-Rücken zu erreichen. Doch hier treffen sie auf die britischen Panzerbrigaden. Oben: Ein Pz III mit 5 cm Kanone (kurze Ausführung) in voller Fahrt. Unten: Ein Grant-Panzer im Hagel deutscher Geschosse.

The German attack was delayed getting through the British minefields. When the panzers finally pushed through to Alam Halfa Ridge they met superior enemy armour. Upper picture: Panzer III at speed. Below: A "Grant" medium under German fire.

Die deutschen Panzer schaffen es nicht, im ersten Stoß die britischen Verteidiger zu werfen. Und dann geht dem Afrika-Korps der Treibstoff aus . . .! Zwei Tage liegen die Panzer in der Wüste fest und warten auf Nachschub. Während dieser Zeit sind sie pausenlosen Angriffen der feindlichen Luftwaffe ausgesetzt. Die deutschen Jäger sind hoffnungslos in der Minderzahl und vermögen keinen ausreichenden Schutz zu gewähren. In dieser Situation erfährt Rommel, daß die drei Tanker mit dem dringend benötigten Treibstoff von den Briten versenkt wurden! Er muß die Offensive abbrechen. Die große Chance ist vertan, der vielleicht mögliche Sieg ist dem Afrika-Korps entrissen. Am 2. September beginnt der Rückzug der Panzer-Divisionen in die Ausgangsstellung. Rommel befiehlt den Achsentruppen, nun ihrerseits eine tiefgestaffelte Verteidigungsstellung vor El Alamein zu bauen. Er weiß, mit seinen wenigen Fahrzeugen und ohne Treibstoff kann er keinen Bewegungskrieg mehr führen, weder einen Angriff noch einen schnellen Rückzug. Die Achsentruppen verlieren in der Schlacht 53, die Briten 68 Panzer. Doch das Afrika-Korps kann den Verlust fast nicht ersetzen, während in Alexandria pausenlos Nachschub für die britische 8. Armee eintrifft. Das Warten auf die britische Offensive beginnt . . .

At Alam Halfa the battle raged until September 2, when shortage of fuel and supplies, determined British resistance and heavy air attacks by the RAF finally forced the Germans to break off the attack and retreat to their own lines. Both sides had suffered severe losses, but while the British received troops and equipment in large quantities now, the Axis forces were nearly starved of supplies. While Rommel's army entrenched now along a line of densely fortified field positions, the British were building up strength for a decisive offensive.

Pz. II. Gewicht: 9,5 t. Länge: 4,81 m. Höhe: 2,02 m. Breite: 2,28 m. Motor: 140 PS. Fahrbereich: 150 km. Geschwindigkeit: 40 km/h. Bewaffnung: 1 x 20 mm Kanone, 1 x MG. Besatzung: 3 Mann. Panzerung: 16 bis 30 mm.

Pz I. Gewicht: 5,4 t. Länge: 4,02 m. Höhe: 1,72 m. Breite: 2,06 m. Motor: 60 PS. Fahrbereich: 200 km. Geschwindigkeit: 37 km/h. Bewaffnung: 2 x MG. Panzerung: 7 bis 13 mm. Besatzung: 2 Mann.

Pz III. Gewicht: 20,3 t. Länge: 5,41 m. Höhe: 2,51 m. Breite: 2,92 m. Motor: 300 PS. Fahrbereich: 175 km. Geschwindigkeit: 40 km/h. Bewaffnung: 1 x 37 mm Kanone oder 1 x 50 mm Kanone, 2 x MG. Besatzung: 5 Mann. Panzerung: 16 bis 30 mm.

Pz. IV. Gewicht: 23,2 t. Länge: 5,91 m. Höhe: 2,59 m. Breite: 2,92 m. Motor: 300 PS. Fahrbereich: 200 km. Geschwindigkeit: 24 km/h. Bewaffnung: 1 x 75 mm Kanone, 2 x MG. Panzerung: 10 bis 30 mm.

M 13/40. Gewicht: 13,7 t. Länge: 4,91 m. Höhe: 2,37 m. Breite: 2,23 m. Motor: 105 PS. Fahrbereich: 200 km. Geschwindigkeit: 30 km. Bewaffnung: 1 x 47 mm Kanone, 3 x MG. Panzerung: 6 bis 40 mm. Besatzung: 4 Mann.

Panzerjäger Marder. Gewicht: 10,7 t. Länge: 6,13 m. Breite: 2,06 m. Höhe: 2,5 m. Motor: 125 PS. Fahrbereich: 185 km. Geschwindigkeit: 42 km/h. Bewaffnung: 1 x 76,2 mm Pak, 1 x MG. Panzerung: 11 bis 25 mm. Besatzung: 4 Mann.

8-Rad-Spähpanzer. Gewicht: 8,3 t. Länge: 5,85 m. Höhe: 2,35 m. Breite: 2,2 m. Motor: 160 PS. Fahrbereich: 300 km. Geschwindigkeit: 80 km/h. Bewaffnung: 1 x 2 cm Kanone, 1 x MG. Panzerung: 7 bis 12 mm. Besatzung: 4 Mann.

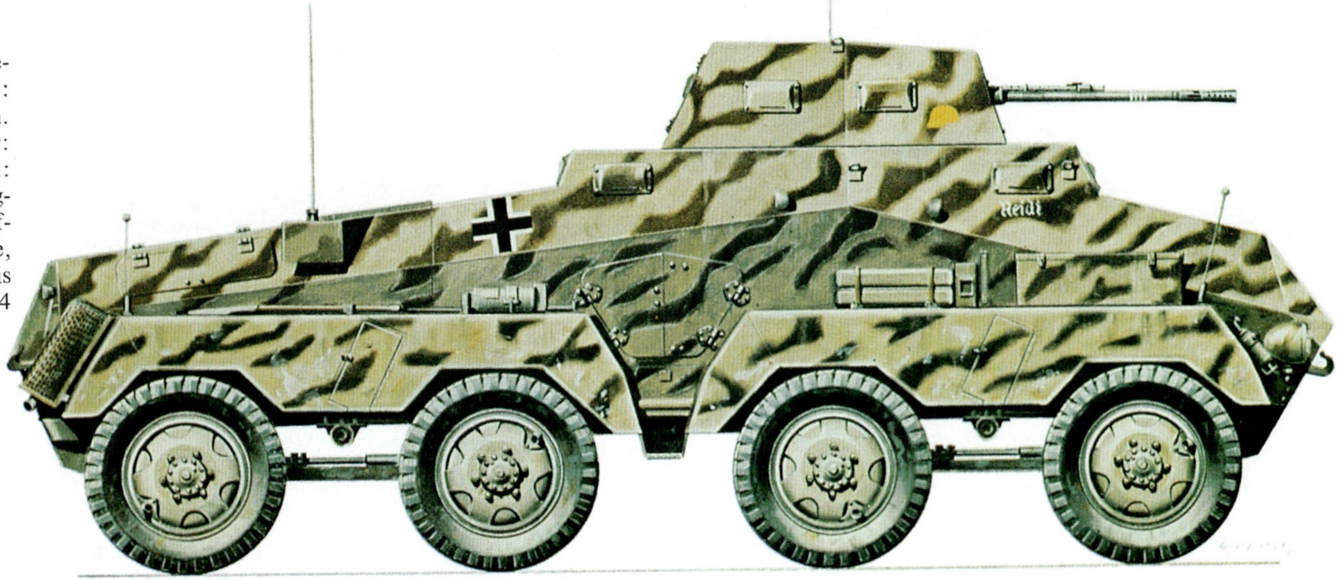

Tiger I. Gewicht: 55 t. Länge: 8,46 m. Höhe: 2,9 m. Breite: 3,15 m. Motor: 700 PS. Fahrbereich: 100 km. Geschwindigkeit: 37 km/h. Bewaffnung: 1 x 88 mm Kanone, 2 x MG. Panzerung: 26 bis 100 mm. Besatzung: 5 Mann.

Sieger und Besiegter. Zwei Pz IV passieren einen abgeschossenen britischen leichten Panzer.

41

DIE ZWEITE SCHLACHT VON EL ALAMEIN

Montgomery ist entschlossen, die von Churchill so dringend verlangte Offensive erst zu beginnen, wenn er den Achsentruppen materiell und personell überlegen ist. Im Oktober ist es soweit. Die Briten haben doppelt so viel Männer wie die Achsentruppen, bei den Panzern ist die Überlegenheit noch größer: 1.029 britische Panzer stehen 489 Panzern der Achse gegenüber. Rommel verfügt über 211 deutsche und 278 italienische Panzer. Vor allem besitzen die Briten jetzt den amerikanischen Sherman-Panzer mit 7,5 cm Kanone im drehbaren Turm, der dem Pz IV standhalten kann. Montgomery's Plan sieht vor, nicht im Süden, wie Rommel es immer tat, die deutschen Stellungen zu umgehen, sondern im Norden frontal durch die Minenfelder zu stoßen. Hier soll unter Massierung aller Kräfte der Durchbruch erzielt werden. Zu Beginn der britischen Offensive befindet sich Rommel auf Erholungsurlaub in Deutschland! Am 23. Oktober eröffnen die britischen Geschütze mit einem Feuerhagel die Offensive.

After an extremely heavy artillery barrage the British offensive opened on October 23. Early reactions were hesitant and unsure as German commanders were still uncertain about the direction of the main attack. It was not until the third day of the offensive that concentrated Axis counterattacks showed that Rommel had returned from his sick-leave in Germany.

Die Stellungen der Achsentruppen erbeben unter dem Granatenhagel. Dann geht die britische Infanterie vor, um Gassen durch die Minenfelder für die Panzer zu schlagen.

British infantry attacking through the minefields.

Die Achsentruppen reagieren abwartend, da sie nicht herausfinden können, wo der Hauptangriff stattfindet. Oben: Pz III rollen zu den gefährdeten Punkten. Unten: Erste Feindinformationen werden ausgetauscht.

Upper picture: German panzers III preparing for a counterstroke. Below: Exchanging informations about the enemy.

Oben: Um schnell an die Brennpunkte der britischen Panzerangriffe zu gelangen, besitzen die deutschen Panzerjäger Panzerabwehrkanonen auf Selbstfahrlafetten. Hier eine 4,7 cm Pak auf Fahrgestell des Pz I, die zur Schonung des Laufwerks transportiert wird.

A German tank hunter I. To increase mobility, fully tracked vehicles were often hauled to their new assignments by trailer.

Links unten: Ein britisches Panzerabwehrgeschütz.
Left below: A British anti-tank-gun.

Bei El Alamein tritt der Sherman-Panzer zum erstenmal den deutschen Panzern entgegen. Er hat, wie der Grant, eine 7,5 cm Kanone, die jedoch im drehbaren Turm untergebracht ist. Die Produktion beginnt 1942 in den Staaten, und im Herbst werden die ersten Serienfahrzeuge an die Briten geliefert. Churchill schickt die erste Schiffsladung, etwa 300 Sherman, sofort nach Alexandria. Der Sherman zeichnet sich durch Robustheit und einfache Konstruktion aus. Mit diesem Typ, es werden bis 1946 40.000 Sherman gebaut, besitzen die Alliierten die erforderliche Quantität, um die deutsche Qualität auszuschalten.

At Alamein the American "Sherman" medium tanks were used in large numbers for the first time. With a 75 mm gun in a fully rotating turret, the Shermans stood a good chance even against the latest versions of the German Panzer IV.

Die britische 1. und 10. Panzer-Division stoßen in zwei Korridoren durch die deutsch-italienischen Minenfelder. Dies geschieht nur langsam und die Panzer massieren sich an den engen Minengassen. Die deutschen 8,8 cm Flak-Geschütze erzielen im Dauereinsatz Abschuß auf Abschuß. Am 25. entsteht für Montgomery eine bedrohliche Lage. Doch unter dem Risiko schwerer Verluste läßt er seine Panzerverbände weiter angreifen. Außerdem führt er im Süden und Norden weitere Entlastungsangriffe durch, die die Reserven der Achsentruppen binden.

While slowly forcing their way through two narrow corridors in the Axis minefields, British tanks suffered heavy losses by determined German resistance.

Rechts: Rommel, den in Österreich die Nachricht von der britischen Offensive erreicht, trifft am 26. bei seinem Befehlsfahrzeug ein. Die Situation wird für die Achsentruppen immer kritischer. Die britische Infanterie beißt sich weiter durch die feindlichen Minenfelder. Rommel läßt die 15. Panzer-Division zu örtlichen Gegenangriffen antreten. Die deutschen Panzer treffen jedesmal auf eine Mauer von britischen Panzerabwehrkanonen und die Royal Air Force zerbombt jede Fahrzeugansammlung. Die 15. Panzer-Division besitzt schließlich nur noch 39 Panzer. Daraufhin zieht Rommel die 21. Panzer-Division von der Südfront ab und setzt sie am bedrohten Mittelabschnitt ein. In zwei Tagen erbitterter Gefechte verliert auch diese von 106 eingesetzten Panzer 58. Darüberhinaus schmelzen die Treibstoffvorräte dahin und Nachschub kommt fast keiner mehr nach. Dagegen hat Montgomery jetzt an den Angriffskeilen seine Kräfte verdoppelt. Rechts unten: Grant-Panzer und Crusader. Unten: Für diesen Pz III und seine Besatzung ist die Schlacht vorbei.

On October 26 Rommel was back to the front again. The Allied offensive continued and even concentrated Axis counterattacks failed to penetrate enemy defences. With dwindling stocks of fuel and ammunition the panzers fought a hopeless battle to stem the Allied armoured tide. A "Grant" medium and a "Crusader". The end of a German Panzer III.

Die deutschen Panzerverbände sind durch die fortgesetzten britischen Angriffe ausgezehrt. Oben: Einer der wenigen Pz IV, über die Rommel noch verfügt. Unten: Die Beute des Siegers: Ein 8-Rad-Spähpanzer wird von den Briten zur genauen Untersuchung abtransportiert.

German armour suffered haevy losses by the Allied attacks. Upper picture: The Panzer IV was the backbone of mobile German defence. A captured heavy armoured car is hauled away by the British for close inspection.

Verloren in der Wüste suchen die deutschen Fahrzeuge vergeblich Schutz vor den feindlichen Fliegerangriffen. Jedes zusammengeschossene Fahrzeug wird den Achsentruppen bei einem schnellen Rückzug fehlen. Auf der Infanterie liegt nun die Hauptlast des Kampfes. Doch was kann sie noch bei der Materialüberlegenheit des Gegners ausrichten! Heldenhafter Mut und Einsatz allein entscheiden nicht eine Schlacht.

In the open desert German vehicles were left completely to the mercy of RAF ground strafers.

Am 2. November wird von Montgomery der entscheidende Schlag eingeleitet. Nach einem furchtbaren Feuerüberfall ihrer Artillerie treten die Briten zum endgültigen Durchbruch durch die langsam zerbröckelnde Front der Achsentruppen an. Rommel wirft alle verbliebenen Kräfte nach vorn, um in einem verzweifelten Gegenangriff den Durchbruch zu verhindern. Schon bevor die Achsenpanzer in Gefechtsberührung mit den britischen kommen, werden sie durch die britische Artillerie und Luftwaffe schwer angeschlagen. Rechts: Ein von den Deutschen erbeuteter und verwendeter britischer Valentine bleibt getroffen auf dem Schlachtfeld zurück. Eine britische Kolonne unter deutschem Artilleriebeschuß. Unten: Die letzten verfügbaren deutschen Geschütze werden zur Panzerabwehr an die Front gebracht.

On November 2, after a heavy artillery barrage, the British began their final thrust against the crumbling Axis front. Rommel's armour was severely mauled by artillery fire and aerial attacks before an effective counterstroke could be launched. Right: A captured "Valentine" tank is hit by British grenades.

Am Abend des 2. November ist das Unverhoffte gelungen. Die Reste der Achsentruppen können die britischen Angriffsverbände noch einmal kurzfristig aufhalten. Doch das Afrika-Korps zahlt einen hohen Preis dafür: es besitzt noch ganze 32 Panzer, die Italiener noch 135. Für Rommel ist es klar: Nur ein schneller Rückzug kann die Truppen der Achse vor der Vernichtung retten, vor allem die unmotorisierte Infanterie muß einen Vorsprung erhalten.
Doch Hitler befiehlt, keinen Fußbreit Boden aufzugeben. Am 3. November erteilt er dann zwar die Genehmigung zum Rückzug, inzwischen ist aber die letzte Reserve, die Panzer-Division "Ariete", durch einen britischen Panzerangriff restlos vernichtet worden.

When Rommel had decided to retreat by the morning of November 3, he received an order from Hitler to hold the Alamein position at all costs. Rommel obeyed, but when the Italian "Ariete" division was completely wiped out during the following hours, the order to retreat was finally authorized.

Rechts: Ein Pz III durchfährt eine tunesische Ortschaft. Unten: Die Wüste bebt unter dem Feuerhagel der deutschen Artillerie.

General Rommel besichtigt mit seinem Stab das Gelände bei Sollum, Juni 1941.

Gefangene Briten warten im Schutz eines leichten britischen Panzerwagens auf ihren Abtransport.

Auch den Wüstensand meistert der robuste VW-Kübelwagen. Unten: Keinen Schritt zuviel! Selbst zum Baden fährt diese Panzerbesatzung mit ihrem Pz II.

Leichter Panzer Mk II B, Gewicht 5,3 t. Länge: 4 m. Höhe: 2,26 m. Breite: 2,08 m. Motor: 88 PS. Geschwindigkeit: 56 km/h. Fahrbereich: 201 km. Bewaffnung: 2 x MG. Panzerung: 8 bis 15 mm. Besatzung: 3 Mann.

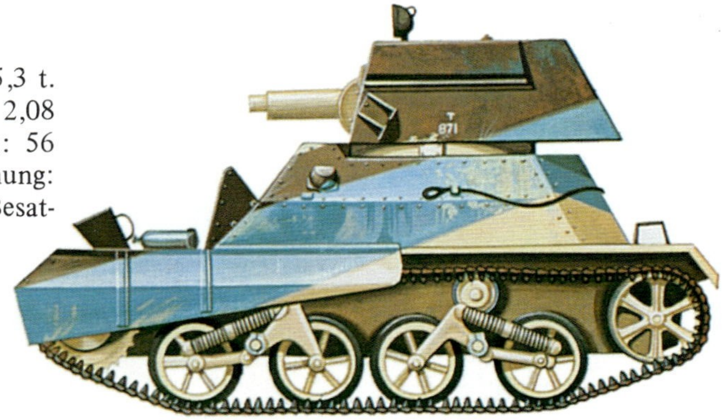

M3 Stuart. Gewicht: 12,4 t. Länge: 4,52 m. Höhe: 2,51 m. Breite: 2,29 m. Motor: 250 PS. Fahrbereich: 113 km. Geschwindigkeit: 58 km/h. Bewaffnung: 1 x 37 mm Kanone, 3 x MG. Panzerung: 10 bis 51 mm. Besatzung: 4 Mann.

Matilda. Gewicht: 26,9 t. Länge: 5,61 m. Höhe: 2,51 m. Breite: 2,59 m. Motor: 190 PS. Fahrbereich: 257 km. Geschwindigkeit: 24 km/h. Bewaffnung: 1 x 40 mm Kanone, 1 x MG. Panzerung: 13 bis 78 mm. Besatzung: 4 Mann.

A-13 Mk II Cruiser. Gewicht: 14,2 t. Länge: 6,02 m. Höhe: 2,65 m. Breite: 2,54 m. Motor: 340 PS. Fahrbereich: 145 km. Geschwindigkeit: 48 km/h. Bewaffnung: 1 x 40 mm Kanone, 1 x MG. Panzerung: 6 bis 14 mm. Besatzung: 4 Mann.

Mk VI Crusader. Gewicht: 19,3 t. Länge: 6 m. Höhe: 2,24 m. Breite: 2,77 m. Motor: 340 PS. Fahrbereich: 124 km. Geschwindigkeit: 42,5 km/h. Bewaffnung: 1 x 40 mm Kanone, 2 x MG. Panzerung: 7 bis 40 mm. Besatzung: 5 Mann.

Valentine. Gewicht: 16,2 t. Länge: 5,41 m. Höhe: 2,02 m. Breite: 2,63 m. Motor: 131 PS. Fahrbereich: 177 km. Geschwindigkeit: 24 km/h. Bewaffnung: 1 x 40 mm Kanone, 2 x MG. Panzerung: 7 bis 60 mm. Besatzung: 3 Mann.

M3 Grant. Gewicht: 27 t. Länge: 5,64 m. Höhe: 3,15 m. Breite: 2,72 m. Motor: 430 PS. Fahrbereich: 193 km. Geschwindigkeit: 42 km/h. Bewaffnung: 1 x 75 mm Kanone, 1 x 37 mm Kanone, 3 x MG. Besatzung: 6 Mann.

M4 Sherman. Gewicht: 30,2 t. Länge: 5,84 m. Höhe: 2,74 m. Breite: 2,66 m. Motor: 400 PS. Fahrbereich: 185 km. Geschwindigkeit: 40 km/h. Bewaffnung: 1 x 75 mm Kanone, 2 x MG. Panzerung: 19 bis 51 mm. Besatzung: 5 Mann.

Am 4. November, nach zwölf Tagen tobender Schlacht, hat die britische 8. Armee ihr Ziel erreicht. Die Verteidigungsstellung der Achsentruppen ist durchstoßen, die britischen Panzer erreichen freies Gelände im Rücken der Deutschen und Italiener. Für diese bleibt als einzige Hoffnung rasche Flucht. Die Trümmer des Afrika-Korps können sich absetzen. Selbst Rommel muß mit zupacken, um auf der Flucht nicht eingeholt zu werden. Unten: Glücklich, wer einen Platz in den wenigen einsatzfähigen Fahrzeugen ergattern kann.

The final British breakthrough came on November 4. When Allied tanks were threatening to surround the remaining Axis forces, Rommel was forced to fall back instantly. The DAK is retreating.

Die Schlacht bei El Alamein ist vorüber. Die deutschen Panzerverbände, vielmehr ihre geschlagenen Reste, fluten durch die Cyrenaika zurück. 30.000 Gefallene und Verwundete, 548 gepanzerte Fahrzeuge, 7.300 Kraftfahrzeuge und 962 Geschütze lassen die Achsentruppen zurück. Am 5. November nehmen die Briten die Verfolgung auf. Die Nachhut der Achsentruppen versucht vergeblich, den Feind zum Stehen zu bringen. Die Übermacht ist zu groß. Besonders die alliierte Luftwaffe zerschlägt jeden Versuch, eine Verteidigungsstellung zu bilden. Geschlagen zieht das Afrika-Korps an den Orten vorbei, die Zeugen so ruhmreicher Taten sind: Halfaya-Paß, Tobruk, Ghazala, Bengasi.
Am 24. November stehen sie wieder bei El Agheila, von wo aus sie zweimal erfolgreich vorstießen. Doch es gibt kein drittes Mal mehr. Im Gegenteil, der Rückzug geht weiter nach Tripolis und schließlich nach Tunesien.

When the battle of El Alamein was over, Rommel's army was so weak that it could not even hold a defensive line. The Axis forces had lost 30.000 dead and wounded, 548 AFVs, 7.300 wheeled vehicles and 962 guns, but Rommel fought a masterly withdrawal until he reached the old backstage position near El Agheila. This time, however, there was no springboard for a new offensive. The only chance of survival lay in a withdrawal to Tunisia.

DIE DEUTSCHE LANDUNG IN TUNESIEN

Vier Tage nach dem Rückzug Rommels von El Alamein führen die Alliierten das Unternehmen "Torch" durch. Sie landen amerikanische und britische Verbände in Marokko und Algerien. Unerwartet leisten einzelne französische Truppenteile Widerstand, der sich örtlich zu heftigen Kämpfen ausweitet. Doch wird am 9. November der Waffenstillstand geschlossen. Noch schwerwiegender aber ist, daß es den Alliierten nicht gelingt, sofort Tunesien zu besetzen. Hier reagiert Kesselring, der deutsche Oberbefehlshaber Süd, schnell. Bereits einen Tag nach der alliierten Landung schickt er die ersten deutschen Kommandos von Sizilien nach Tunesien und am 10. ist die Bildung eines deutschen Brückenkopfes abgeschlossen. Rommels Afrika-Korps ist der Rücken gedeckt. Die deutschen Einheiten dringen sogar weiter in Tunesien vor, um eine möglichst tiefgestaffelte Verteidigungslinie bilden zu können. Es entwickeln sich harte Gefechte zwischen den deutschen und alliierten Landungstruppen. Unten: Ein Pz IV, Ausführung F2, mit der ersten langen 7,5 cm Kanone in den Straßen von Tunis. Ab 1942 werden die Pz IV mit der langen 7,5 cm Kanone ausgerüstet, die eine höhere Treffsicherheit als die kurze Ausführung hat.

On November 8, 1942 a mixed force of American and British units went ashore on the coasts of Morocco and Algeria. While the landings themselves were generally unopposed, a few local Vichy French garrisons offered even stiff resistance which came to an end, when a ceasefire was finally negotiated on November 9. The German response to these developments was to build up a bridgehead first and then to occupy Tunisia in strength. The largely inexperienced Allied troops were to meet a battle hardened enemy. Below: A German Panzer IV F2. This was the first version of this excellent tank to mount a long-barreled 75 mm gun.

Oben: Deutsche Fallschirmjäger und Infanteristen nutzen die willkommene Gelegenheit, auf einem 8-Rad-Panzerspähwagen mitzufahren. Unten: Ein bei den ersten Kämpfen abgeschossener M3 Stuart findet lebhaftes Interesse einer Gruppe Araber.

Upper picture: German paratroopers and infantry catch a ride on their way to the front. Below: A Stuart M3 is inspected by local inhabitants.

Unter den Verbänden, die im Brückenkopf Tunesien eintreffen, ist auch die 501. selbständige schwere Panzerabteilung. Sie bringt die ersten neuen Tiger-Panzer nach Afrika. Dieser Stahlkoloß von 55 t bringt den gegnerischen Panzerbesatzungen mit seiner 8,8 cm Kanone das Fürchten bei. Die Panzerung von 100 mm am Bug und Vorderteil des Turmes, von 80 mm am Heck und den Seiten läßt die feindlichen Geschosse abprallen. Doch geht dies zu Lasten der Beweglichkeit und Geschwindigkeit, außerdem belastet die schnelle Entwicklung des Tigers das Fahrzeug mit erheblichen "Kinderkrankheiten".

Even a few of the new "Tiger" tanks were shipped to Tunisia soon after the type was introduced to bolster Axis armour there. Although suffering from mechanical unreliability, the "Tiger" was a formidable weapon: the deadly punch of its excellent 88 mm gun proved to be more than Allied armour could take.

Oben: Das Innere Tunesiens unterscheidet sich vom bisherigen nordafrikanischen Kriegsschauplatz durch enges und gebirgiges Gelände, das nicht mehr die schnellen, weiträumigen Panzeroperationen erlaubt, wie sie Rommel so meisterhaft ausführt. Ein deutsches Sd.Kfz 231 passiert einen amerikanischen Jeep. Gut zu erkennen ist die zusätzliche Panzerplatte um die Waffenblende. Unten: Versorgungshalt von Deutschen und Italienern, rechts ein Pz II.

A German recce vehicle heads for the front past an American jeep. Being rather mountainous, Tunisian terrain was not ideally suited to tank warfare. Below: Axis troops round a German Panzer II.

Oben: Auf diesem Bild beeindruckt das wuchtige Aussehen des Tigers. Der Tiger kostet 800.000 Reichsmark; für die damalige Zeit eine enorm hohe Summe für ein einzelnes Kampffahrzeug, und 300.000 Arbeitsstunden sind für seine Fertigung notwendig. Nachdem die aufgetretenen "Kinderkrankheiten" abgestellt sind, bleibt der Tiger bis zum Kriegsende den alliierten Panzern überlegen. Sein erstes Auftreten im Kampf läßt die Legende seiner Unbezwingbarkeit entstehen. Unten: Pz III durchfahren eine tunesische Ortschaft, um den alliierten Vormarsch zum Stehen zu bringen.

An impressive sight. At a prize of 800.000 Reichsmark a Tiger tank took some 300.000 working hours to produce. Below: German panzers III in a Tunisian village. Mostly inexperienced, the Allied troops soon lost the initiative to their enemies.

Ende November erhalten die Achsentruppen dringend benötigte Verstärkung. Die 10. Panzer-Division wird nach Tunesien verlegt. Gerade rechtzeitig, um den alliierten Angriff abwehren zu können. Oben: Pz III, Ausführung L, mit 5 cm Kanone (lang). Anfang Dezember toben erbitterte Kämpfe. Dabei erleiden die noch im Kampf unerfahrenen Amerikaner erhebliche Verluste durch die erprobten Kämpfer der Wehrmacht. Abgeschossene Sherman-Panzer als stumme Zeugen der Abwehrkämpfe (unten).

With the Germans continually working to build up and strength the Tunisian bridgehead, the Allied advance was halted by Christmas 1942. Below: Especially the Americans suffered heavy losses in men and material due to their lack of experience.

Den ganzen Dezember wechseln sich Angriff und Gegenangriff der beiden Gegner ab. Den deutschen Verbänden gelingt es, den Durchbruch der Alliierten nach Tunis zu verhindern. Schlechtes Wetter trägt dazu bei, die Kampftätigkeit erlahmen zu lassen. Gegen Jahresende stabilisiert sich die Front. Die Achsentruppen halten einen etwa 100 km tiefen Streifen von Tunesien besetzt und bewahren Rommels Afrika-Korps vor der Einkesselung. Oben: Ein brennender Pz III. Unten: Pz IV, Ausführung G, mit der 7,5 cm langen Kanone und vergrößerter Mündungsbremse.

At the end of December 1942 the front had finally stabilized. By successfully holding defensive positions against the Allied advance from the west, the Axis forces had allowed Rommel's troops to make an orderly withdrawal to the west after their defeat at El Alamein. Upper picture: A Panzer III is burning. Below: The "G" version of the Panzer IV. The long 75 mm gun featured a double baffle muzzle brake.

DER RÜCKZUG DES AFRIKA-KORPS

Während in Tunesien die neugebildete deutsche 5. Panzerarmee die Lage noch einmal stabilisieren kann, müssen Rommel und das Afrika-Korps unter dem Druck der britischen 8. Armee stetig nach Westen ausweichen. Die einzige Möglichkeit, um seine Verbände zu retten, sieht Rommel darin, sich in Tunesien mit der 5. Panzerarmee zu vereinigen. Deswegen überläßt das Afrika-Korps gegen den Widerstand der Italiener Tripolitanien den Briten. Am 17. Dezember 1942 erreicht die britische 8. Armee El Agheila. Die Verteidigungsstellungen der Achsentruppen werden von den Briten umgangen oder frontal durchstoßen. Am 23. Januar 1943 rückt die britische 8. Armee in Tripolis ein. Die letzte italienische Kolonie auf afrikanischem Boden ist in Feindeshand. Rommel wechselt mit dem Afrika-Korps auf tunesischen Boden über. Erst bei Mareth läßt er anhalten und eine Verteidigungslinie aufbauen. Unten: Sherman und Crusader der britischen 8. Armee auf dem Vormarsch durch einen libyschen Ort.

While by the end of December 1942 the Axis build-up in Tunisia had increased to considerable strength under the command of Colonel-General von Arnim, Rommel led a masterly retreat westwards, pursued by the British 8th Army, which took Tripoli on January 23, 1943. Rommel wanted to get the remnants of his army back to Tunisia and thus having neither time nor heart for delaying actions he ignored all Italian intentions to defend Lybia and Tripolitania more energetically. The German retreat finally came to an end when the Mareth Line was reached by the end of January 1943. Below: Shermans and Crusaders in pursuit of the Afrika Korps.

Gehetzt von den Jagdbombern und Tieffliegern der Royal Air Force rollen die Verbände des Afrika-Korps nach Westen. Oben: eine LKW-Kolonne während eines Tieffliegerangriffes. Unten: Im Schutz der Abenddämmerung können die Fahrzeuge enger aufschließen.

Allied aircraft took a heavy toll of the retreating Axis forces. Upper picture: A German supply column under air attack. Below: Only dawn and night offered some protection against RAF attacks.

DAS JAHR 1943
DIE SCHLACHT VON KASSERINE

Anfang Februar mehren sich die Anzeichen, daß die Allierten ihre Verbände sammeln, um durch eine neue Offensive Tunesien endgültig in ihren Besitz zu bringen. Rommel plant nun, durch einen kühnen Vorstoß seiner Panzerverbände der Offensive der 1. alliierten Armee zuvorzukommen und damit die unmittelbare Gefahr für den Brückenkopf Tunesien auszuschalten. Die deutschen Panzerdivisionen, d. h. die 10. Pz.-Div. der 5. Panzerermee und die 21. Pz.-Div. des Afrika-Korps, sollen über den Paß von Kasserine den westlichen Höhenrücken, der sich parallel zur Küste nach Norden zeiht, überschreiten. Sollten die Alliierten zurückweichen, so will Rommel weiter vorstoßen und versuchen, bei Bone die algerische Küste zu gewinnen. Doch haben die deutschen Verbände keine einheitliche Führung. Rommels Afrika-Korps und die 5. Panzerarmee operieren jeder für sich.

To turn the tide in favour of the Axis again, Rommel planned a new offensive. Code named "Frühlingswind" ("Spring Breeze"), the offensive was intended to slice into the supply lines of the 1st Allied Army behind the Tunisian front, cut off their forward masses of men and material and reach the supply centres of Constantine and Bone. Although soundly designed, the planning suffered from a major disadvantage: while the Afrika Korps with the 10th Panzer Division was under Rommel's command, the 21st Panzer Division, belonging to 5th Panzer Army, were left under the command of General v. Arnim.

Am 14. Februar greifen die deutsche 10. und 21. Panzer-Division die amerikanischen Verbände an. Sibi Bou Zid wird genommen. Oben: Ein Tiger, Ausführung E, geht zusammen mit Panzergrenadieren vor. Unten: Pz IV, Ausführung F2. Während sie langsam zurückweichen, bringen die Amerikaner den deutschen Verbänden unerwartet schwere Verluste bei.

The offensive was opened on February 14 by a massive armoured thrust which took the Americans completely by surprise. Upper picture: Infantry attacking under cover of a "Tiger". Below: A Panzer IV. Even while retreating the Americans inflicted considerable losses upon German armour.

Vorbei an abgeschossenen Sherman- und Stuart-Panzern stoßen die deutschen Kolonnen weiter vor. So sieht der Fahrer eines Panzers die vor ihm fahrenden Kameraden.

The armoured advance continues.

Links oben: Dunkle Rauchsäulen am Horizont kennzeichnen das Ende alliierter Panzer. Unten: Die Feindbewegungen werden durch das Scherenfernrohr beobachte. An der Tür des Kübelwagens erkennt man das Zeichen der 10. Panzer-Division.

Upper picture left: On the way to annihilation. Below: Watching the enemy. The insignia of the 10th Panzer Division may be seen on the door of the "Kübelwagen" jeep.

Am 18. Februar steht das Afrika-Korps vor dem Kasserine-Paß. Die 10. Panzer-Division, die unter dem Befehl der 5. Panzerarmee steht, bricht aufgrund der feindlichen Luftangriffe und zu starker gegnerischer Abwehr die Schlacht im Norden ab. Daraufhin wird die 10. Panzer-Division dem Befehl Rommels unterstellt. Er will mit allen Mitteln versuchen, den Durchbruch zu erzwingen. Gewinnt er den Kasserine-Paß, hat er den Schlüssel zum Hinterland der alliierten Verbände in der Hand. Oben: Interessante Aufnahme eines Pz III, Ausführung N. Dieser Panzer hat die 7,5 cm Kanone (kurz). Als ab 1942 die Pz IV mit der langen 7,5 cm Kanone ausgerüstet werden, baut man die nun verfügbaren kurzen Kanonen in die Pz III ein. Unten: Die Reste eines Sherman-Panzers.

When the Germans reached the Kasserine Pass on February 18, Allied resistance had stiffened considerably. Realizing the vital importance of this area, Rommel took over command of the 10th Panzer Division personally and ordered the pressure increased. Kasserine Pass finally fell to the attacking panzers on February 20, 1943. Upper picture: The "N" version of the Panzer III mounted a short-barreled 75 mm gun. Below: A destroyed Sherman tank.

Persönlich führt Rommel (oben) den Angriff der 10. Panzer-Division und des Afrika-Korps an. Das Fahrzeug neben dem Kübelwagen ist ein von den Amerikanern erbeuteter M3 Mannschaftstransportwagen. In den ersten Kämpfen in Tunesien haben die Deutschen große Mengen Material von den Amerikanern erbeutet. Teile der 10. Panzer-Division (unten) stoßen über den Paß.

The Germans captured a considerable amount of American equipment early in the Tunisian campaign. This photograph shows an American M3 halftrack in German use. Below: The advance of the 10th Panzer Division continues.

Die Front der Alliierten droht ins Wanken zu geraten. Ihre Verbände erhalten den Befehl, keinen Meter Boden aufzugeben. Durch schnelle Zuführung neuer Truppen werden sie jedoch langsam stärker. Ein Ablenkungsangriff von Einheiten des Afrika-Korps auf Tebessa westlich des Passes wird von der 1. US-Panzerdivision aufgehalten. Die herbeigerufene britische 6. Panzer-Division kommt gerade zurecht, um den Durchbruch der Achsentruppen bei Thala, nördlich des Passes, zu verhindern. Rommel muß erkennen, daß der Feind zu stark ist. Sein Angriffsziel kann nicht erreicht werden. Am 22. Februar bricht er den Angriff ab und zieht sich zurück. Dennoch hat er die entscheidende Offensive der Allierten um einen Monat verzögert, Die alliierten Verbände müssen in der Schlacht von Kasserine fünffach höhere Verluste als die Achsentruppen hinnehmen.

After the German breakthrough the Allies rushed in troops and supplies to stop the Axis advance. Eventually the German attacks petered out for lack of resources and on February 22 Rommel had to abandon the offensive. Although unsuccessful in its final outcome, the offensive had cost the Allied defenders much higher losses than the attacking Axis forces thus considerably delaying Allied planning.

Während der letzten Monate in Tunesien erhalten die deutschen Verbände auch Sturmgeschütze. Hier ein Sturmgeschütz, Ausführung G, mit 7,5 cm Kanone. Die Sturmgeschütze haben das Fahrwerk des Pz III. Das Gewicht beträgt 23,9 t. Die Besatzung besteht aus vier Mann. Ursprünglich als Sturmartillerie zur direkten Unterstützung der Infanterie gedacht, entwickeln sich die Sturmgeschütze zum Hauptträger der deutschen Panzerabwehr. Sie sind billiger und einfacher zu produzieren als Kampfpanzer. Auf den europäischen Kriegsschauplätzen vernichten sie allein bis 1944 20.000 Feindpanzer.

During the final phase of the North African campaign "Sturmgeschütze" (assault guns) were used in a last-ditch effort to reinforce Axis armour. Armed with a powerful 75 mm gun these well armoured and soundly constructed vehicles were mainly used as tank destroyers.

Für kurze Zeit können die Soldaten der Panzer-Divisionen sich etwas Ruhe gönnen. Nach der Schlacht von Kasserine gilt es, neue Kraft zu sammeln für die kommende Großoffensive der Alliierten. Oben ein Pz IV, Ausführung F 2, in einem Kaktusfeld. Die Besatzung eines Pz III (unten) beobachtet im Schutz eines Hauses die Feindbewegungen.

When the battles around the Kasserine Pass phased out, a short lull in the fighting set in. Both sides prepared for the next round. Upper picture: A German Panzer IV. Below: A German Panzer III. The enemy is kept under close observation.

Auch bei den Briten herrscht Ruhe, immer wieder unterbrochen durch Aufklärung und Beobachtung der deutschen Linien . . .

Die Beherrschung des Luftraumes über Tunesien durch die alliierten Flieger zwingt die Panzerbesatzungen in den Verfügungsräumen ihre Fahrzeuge so unterzuziehen, daß sie von Kampffliegern nicht ausgemacht werden können. Ein Pz II (oben) und Pz III (unten), die in Palmenhainen Unterschlupf gegunden haben. Dem Pz III fehlt die zusätzliche Panzerplatte vor der Blende, vor der Fahrerfront ist sie angebracht. Die Kanonen sind mit Planen vor Staub und Dreck geschützt.

As Allied aircraft dominated the skies now, camouflage and concealment became factors of vital importance. Movements by daylight became more and more hazardous for the few remaining panzers. Note that the vehicles on the photos have protective dust-covers taped over the muzzles of their guns.

Oben: Die deutschen Instandsetzungseinheiten vollbringen in Nordafrika wahre Wunder. Ihrem unermüdlichen Einsatz ist es zu verdanken, daß die deutschen Panzer-Divisionen, selbst nach verlustreichen Kämpfen, rasch wieder einsatzfähige Fahrzeuge bekommen. Oft warten die Instandsetzungstrupps den Ausgang der Kämpfe gar nicht ab, sondern beginnen noch auf dem Schlachtfeld mit der Reparatur beschädigter Fahrzeuge. Hier wird ein Pz III repariert. Das hintere Laufrad ist abmontiert. Gut zu erkennen ist der Stoßdämpfer über den Laufrollen. Unten: Deutsche Panzerspähwagen in den tunesischen Bergen. Vorn drei schwere 8-Rad Sd.Kfz 231, hinten ein leichter Panzerspähwagen Sd.Kfz 222.

A Panzer III under repair in an improvised workshop. German field maintenance and repair units proved very effective even under extremely unfavourable conditions thus contributing much to the successes of German armour. Below: German light and heavy armoured cars on a recce mission.

DIE KÄMPFE AN DER MARETH-LINIE

Nach den Kämpfen um Kasserine wendet Rommel seine Aufmerksamkeit wieder der Mareth-Linie zu, die von dem italienischen XX. und XXI. Korps verteidigt wird. Die nächste Offensive der britischen 8. Armee steht kurz bevor. Daher entschließt sich Rommel, dem Feind durch einen Gegenangriff zuvorzukommen und seine Vorbereitungen zu stören. Am 6. März beginnt Rommel den Angriff mit Ziel Medenine. Die deutsche 10., 15. und 21. Panzerdivision greifen auf breiter Front an.

As he realized that the 8th Army under Montgomery was preparing for an offensive along the Mareth Line, Rommel opened an audacious but predictable attack against the British on March 6, 1943. While the Mareth Line was mainly occupied by Italian troops, the 10th, 15th and 21st Panzer Divisions were to attack towards Medenine.

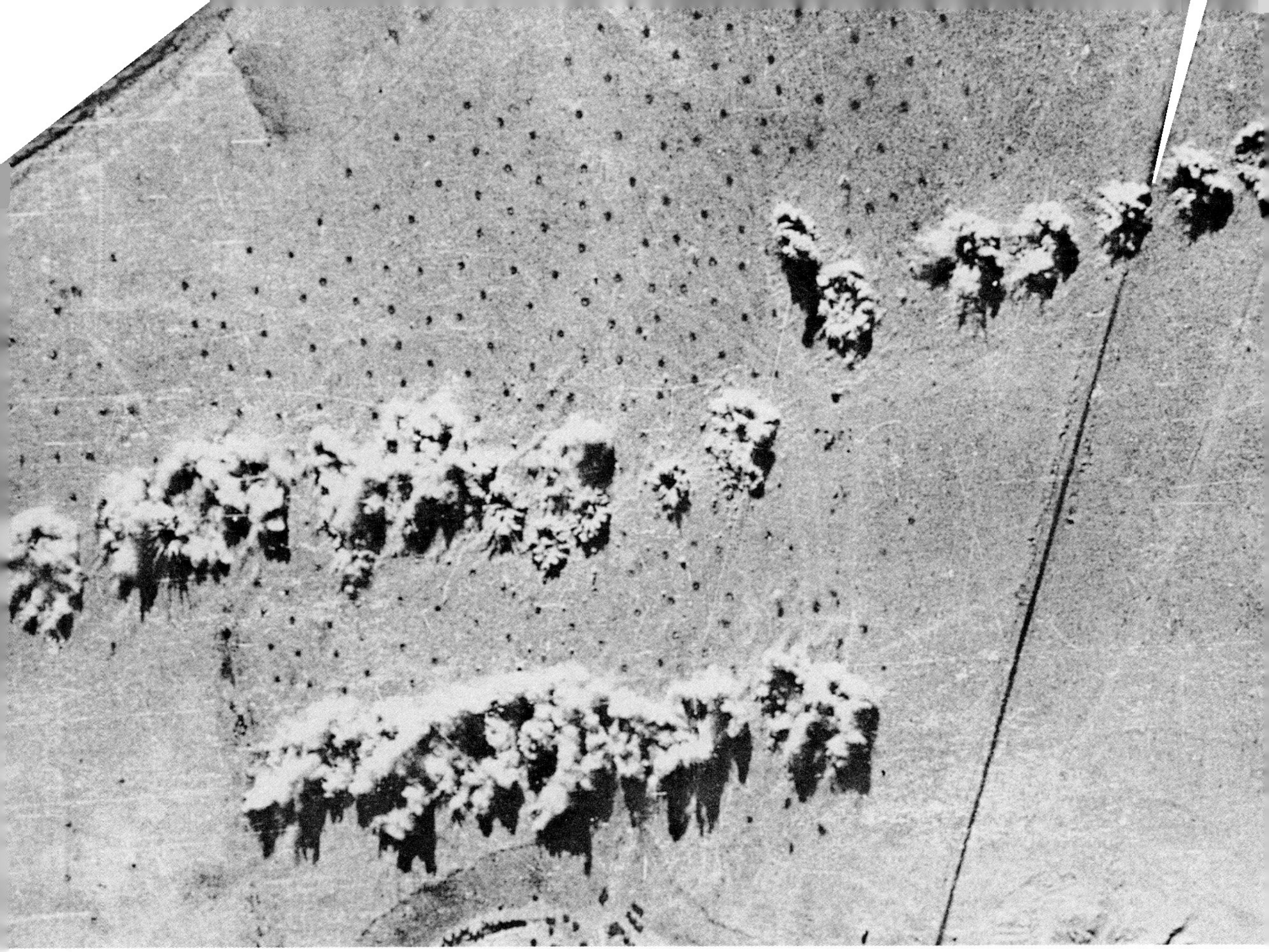

Montgomery, dem die Aufmarschbewegungen der deutschen Verbände nicht entgehen, setzt zuerst seine Artillerie und Luftwaffe ein, die Panzer hält er zurück, um einen eventuellen deutschen Durchbruch abzuriegeln. Bevor die deutschen Panzer jedoch an die britischen Stellungen herankommen, werden sie vom Feuerhagel der britischen Artillerie und der Royal Air Force zerschlagen. (Unten) An den brennenden Panzern ihrer Kameraden vorbeifahrend versuchen deutsche Panzer und Panzergrenadiere weiter vorzustoßen.

The German armoured onslaught was checked by the RAF and massive use of British artillery. Below: Panzers burning on the battlefield, while the attack continues.

Nach dem Scheitern des ersten Ansturms unternehmen die deutschen Panzerdivisionen am Nachmittag einen neuen Anlauf, um die britischen Verteidiger zu werfen. Doch wieder geschieht das gleiche wie am Vormittag. Die Royal Air Force, die britische Artillerie und Panzerabwehr zerschlagen auch diesen Angriff. Noch am selben Tag zieht Rommel seine Verbände zurück, nachdem er ein Drittel seiner Panzer, 50 an der Zahl, verloren hat.
Pz III (oben), hier mit der langen 5 cm Kanone, bleiben brennend vor den britischen Stellungen liegen. Diese 8,8 cm Flak-Kolonne (unten) ist in einen Bombenhagel der feindlichen Luftwaffe geraten.

In bloody fighting the Axis attack was repulsed by the British in the afternoon of March 6. Rommel lost 50 of his precious panzers equalling on third of all his available armour. Upper picture: Burning Panzers III. Below: 88 mm flak guns. They were caught on the move by an air attack.

Nun sind Montgomery und die britische 8. Armee am Zuge. Nach Abschluß der Vorbereitungen eröffnet die britische 8. Armee am 20. März den Sturm auf die Stellungen der Achsentruppen. Diesmal läßt Montgomery einen Teil seiner Truppen die Südflanke der Achsentruppen umgehen und über Tebaga Gap in den Rücken des Feindes stoßen. Die Kämpfe zwischen den beiden erfahrenen Wüstenarmeen werden mit großer Härte geführt. Die Deutschen verteidigen zäh ihre Stellungen und können nur langsam zurückgedrängt werden. Oben: Britische Infanterie setzt an einem zerschossenen Pz III vorbei zum Sturm auf die feindlichen Stellungen an. Unten: Ein britischer Valentine passiert einen verlassenen Tiger.

The British counterstroke came on March 20, when Montgomery launched a massive offensive against the Mareth Line. While a frontal blow failed to penetrate the Axis defences, parts of the attacking forces moved around the southern flank of the fortified line successfully aiming towards El Hamma in the enemy's rear. Upper picture: British infantry advance in an attack. Below: A Crusader passes an abandoned Tiger tank.

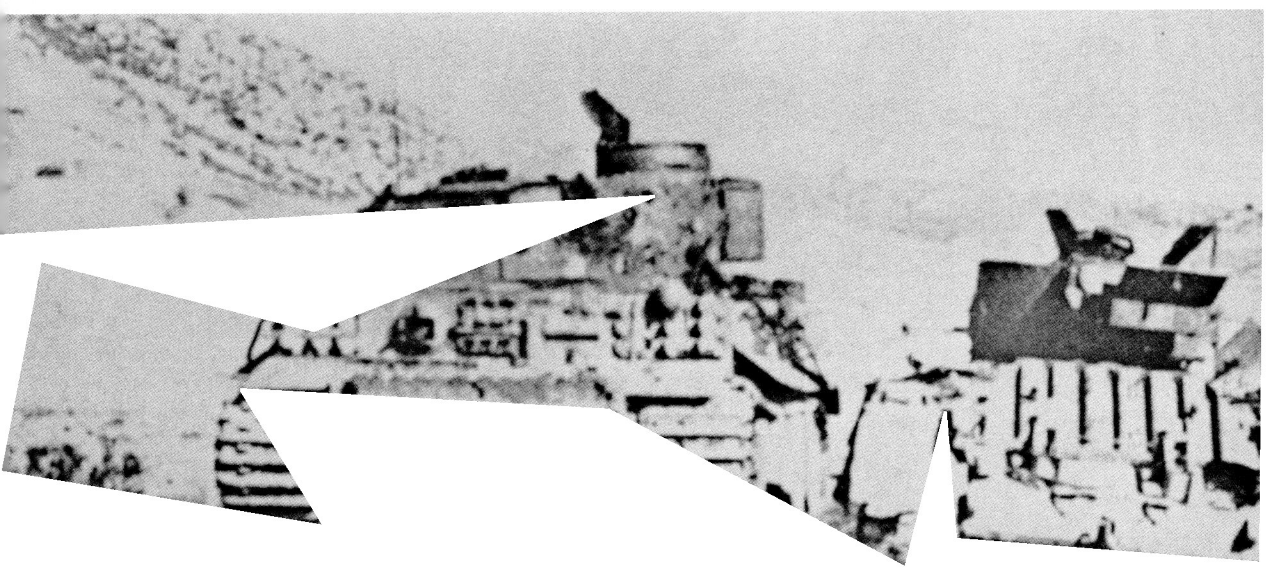

Am 26. März erreicht die britische 1. Panzer-Division Tebaga. Gegenangriffe der deutschen 21. Panzer-Division, oben ein Pz IV, Ausführung F 2, können den Durchbruch der Briten nicht verhindern. Eine schnell errichtete Verteidigungsstellung bei El Hamma hält die Briten lange genug auf, um den Achsentruppen den Rückzug aus der Mareth-Linie heraus nach Norden zu ermöglichen. Unten: Die Überreste eines britischen M3 Stuart.

The British 1st tank division reached Tebaga on March 26. The Axis forces had to give up the Mareth Line and made a fighting retreat northward. Upper picture: A German Panzer IVF2 in action. The British advance was slowed down in a series of local counterattacks. Below: A heap of junk: this Stuart tank met a "Tiger".

Oben: Ein italienisches Sturmgeschütz Semovente mit 7,5 cm Kanone und deutscher Besatzung. Die Beute des Siegers: eine 15 cm Feldhaubitze auf dem Lorraine Fahrgestell (Sd.Kfz 135/1) wird von einem britischen Offizier betrachtet (Mitte). Unten ein Tiger-Panzer.

Italian "Semovente 75/18" (self-propelled gun) in use by the Germans. Centre: An interesting piece of booty: German 150 mm heavy infantry howitzer mounted on a captured French "Lorraine" chassis. The Germans made use of many makeshift conversions. Below: A Tiger tank.

Auch diese beiden Pz IV, mit der 7,5 cm Kanone kurz, bleiben als Symbol der Zerschlagung des Afrika-Korps in der Wüste zurück. Auf dem unteren Panzer erkennt man gut das Wahrzeichen des Afrika-Korps: die weiße Palme.

A symbol of defeat: Two destroyed Panzer IV in the desert. The "Africa palm" symbol of the Afrika Korps may be clearly seen.

DER VERLUST TUNESIENS

Anfang April befindet sich die britische 8. Armee nach dem Durchbruch der Mareth-Linie weiter auf dem Vormarsch nach Norden. Nachdem auch Rommels letzte Offensive an der materiellen Überlegenheit des Gegners gescheitert ist, muß er auf Befehl Hitlers nach Deutschland zurückkehren. Er betritt afrikanischen Boden nie mehr. Zwei Jahre lang hat er bravourös und mit taktischem Geschick die klassischen Grundsätze des gepanzerten Bewegungskrieges durchgeführt. Bitter für ihn, daß Nordafrika letztlich für Berlin nur ein Nebenkriegsschauplatz war, und er nie die erforderliche Unterstützung an Männern und Material bekam, um seine Erfolge auf dem Schlachtfeld ausnützen zu können.

By early April 1943 the Germans had not only lost all hope for victory but Rommel himself: a sick and frustrated man, he was ordered back to Germany by Hitler to take his long-postponed sick leave. He never returned to Africa. A real tank genius, Rommel had achieved many brilliant successes against the Allies but finally had to fail against hopeless odds.

Die Vernichtung der Achsentruppen in Tunesien ist jetzt nicht mehr aufzuhalten. Im April stehen 19 alliierte Divisionen mit 1.200 Panzern dreizehn deutsch-italienischen Divisionen mit 130 Panzern gegenüber. Am 22. April beginnt die alliierte Offensive auf allen Fronten. Die Achsentruppen verteidigen sich hartnäckig. Örtliche deutsche Gegenangriffe lassen zwar den alliierten Angriff ins Stocken geraten, doch aufhalten können sie den Feind nicht. Am 8. Mai erobern britische Truppen Tunis (oben). Nur etwa 700 Mann der Achsentruppen gelingt die Flucht nach Sizilien. Am 12. Mai legen 250.000 Deutsche und Italiener die Waffen nieder. Der Feldzug in Nordafrika ist vorbei. Die Alliierten setzen zum Stoß in den weichen Unterleib der Achsenmächte an . . .

The Axis forces in Tunisia fought on until May 12, 1943. Tunis fell to the attacking British on May 8 (upper picture). When the last units ceased fire, 250.000 Germans and Italians went into the POW cages while only 700 men managed to escape over the Mediterranean to Sicily. The epic struggle for North Africa had ended and the Allies prepared for their next move. On target now: the soft underbelly of Europe . . .

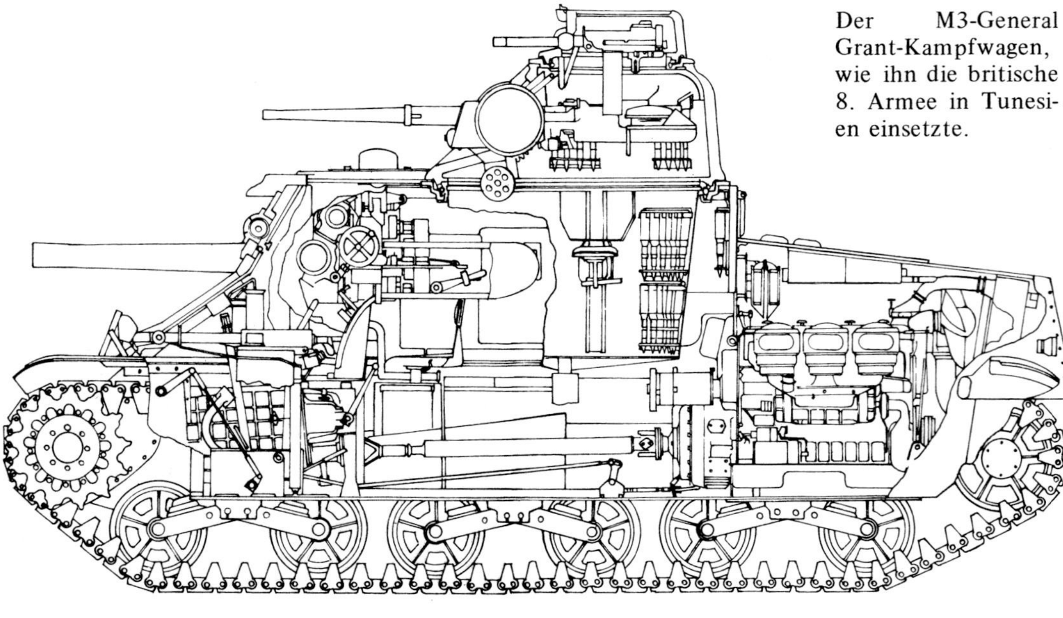

Der M3-General Grant-Kampfwagen, wie ihn die britische 8. Armee in Tunesien einsetzte.

Infanterie der britischen 8. Armee im Vorgehen.

Infantry of the British 8th Army in advance.

In die deutschen Minenfelder peitscht der "Valentine-Scorpion", ein Minenräumpanzer, mit seinen wie Dreschflegel rotierenden Ketten breite Gassen.

The "Valentine-Scorpion", a mine-clearing vehicle, forces its way through the mine fields with its rotating flail drum and chains.

Hitlerstrategie

IN Tunis ist eine Entscheidungsschlacht im Gange. Eine deutsch-italienische Armee von 190.000 Mann steht auf dem Spiel.

Sie verteidigt einen „Brückenkopf“ ohne Brücke. Sie wird zu Lande von allen Seiten von überlegenen alliierten Kräften angegriffen und aus einer Stellung nach der andern geworfen. Ihr Operationsraum schrumpft ständig zusammen. Mit dem Rücken steht sie gegen das Mittelmeer. Das Mittelmeer wird von der britischen Flotte beherrscht.

Die Schlacht in Tunis ist, genau wie die Schlacht bei Stalingrad, das persönliche Werk des Feldherrn Adolf Hitler.

Bereits 14 Tage vor der Schlacht bei El Alamein, im Oktober 1942, berichtete Feldmarschall Rommel an Hitler, dass ein englischer Grossangriff bevorstehe und dass er, Rommel, mit seinen langen Verbindungslinien keine erfolgreiche Verteidigung garantieren könne; er schlug demgemäss vor, auf die ägyptisch-libysche Grenze zurückzugehen. Hitler verbot jeden Rückzug. Die schwere Niederlage von El Alamein und der Verlust nicht nur Ägyptens, sondern ganz Libyens waren die Folge.

Selbst nach der Katastrophe von El Alamein und der britisch-amerikanischen Landung in Nordafrika wäre es noch möglich gewesen, einen Teil der Armee Rommels zu retten. Rommel schlug Evakuierung Nordafrikas von Tripolis aus vor. Wiederum verbot Hitler die Evakuierung und befahl Rommel, Tunis zu halten. Damit nicht genug: Hitler warf eine neue grosse Armee über das Mittelmeer nach Tunis — geradewegs in die Falle.

Truppen, die für die Verteidigung Frankreichs und Italiens bestimmt waren, wurden zu Tausenden nach Tunis verschifft, unter ihnen die 10. Panzerdivision, die mit den modernsten deutschen Waffen, darunter Mark VI-Panzern, ausgerüstet war. Ein Fünftel des gesamten deutschen Jagdfliegerbestandes wurde im Mittelmeer konzentriert. Dutzende von Schiffen wurden unterwegs mit ihrer Ladung versenkt, Dutzende von Transportflugzeugen abgeschossen.

Aus Reservebeständen wurden neue Schiffe beladen, bis, nach schweren Verlusten, in Tunis eine riesige Streitmacht mit voller Ausrüstung aufgebaut war.

Das alles ist noch nicht sechs Monate her. Und jetzt ist ein Punkt erreicht, wo es als grosser deutscher Erfolg hingestellt werden wird, falls es gelingen sollte, ein paar tausend Mann ohne irgendwelches Material heil zurückzuschaffen.

Das ist die Strategie des Feldherrn Adolf Hitler — des Feldherrn von Stalingrad.

Nach Stalingrad — Tunis?

AMTLICHER GEFECHTSKALENDER DES OKH FÜR DIE KÄMPFE IN NORDAFRIKA

Anlage 1

I.
1941 - 27. 7. 1942

1.	Überführung nach Nordafrika vom bis (Zeitpunkt vom Abtransport aus Deutschland bis zum Eintreffen in Nordafrika)	
2.	Verteidigung von Tripolitanien	11. 2. - 30. 3. 41
3.	Erkundungsvorstoß auf die Cyrenaika	31. 3. - 3. 4. 41
4.	Wiedereroberung der Cyrenaika	4. 4. - 13. 4. 41
5.	Kämpfe um die Festung Tobruk	14. 4. - 17. 11. 41
	a) Einschließung der Festung und Eroberung des Ras Mdauuar	14. 4. - 31. 5. 41
	b) Belagerung von Tobruk	1. 6. - 5. 12. 41
6.	Abwehrkämpfe an der ägyptischen Grenze	14. 4. - 17. 11. 41
	a) Abwehrschlacht bei Sollum	15. 6. - 17. 6. 41
	b) Gewaltsamer Aufklärungsvorstoß in das ägyptische Grenzgebiet	13. 9. - 15. 9. 41
7.	Schlacht in der Marmarica	18. 11. - 17. 12. 41
8.	Rückzugskämpfe in der Cyrenaika	18. 12. - 24. 12. 41
9.	Verteidigung der Agedabia-Stellung	25. 12. 41 - 5. 1. 42
10.	Rückzug in die Marada-Marsa el Brega-Stellung	6. 1. - 12. 1. 42
11.	Verteidigung in der Marada-Marsa el Brega-Stellung	13. 1. - 20. 1. 42
12.	Gegenangriff zur Wiedereroberung der Cyrenaika	21. 1. - 27. 1. 42
13.	Wiedereroberung der Cyrenaika	28. 1. - 6. 2. 42
14.	Verteidigung des Südostrandes der Cyrenaika	7. 2. - 25. 5. 42
15.	Schlacht um die Ain el Gazala-Stellung	26. 5. - 19. 6. 42
16.	Eroberung der Festung Tobruk	20. 6. - 21. 6. 42
17.	Verfolgungskämpfe in der Marmarica und Westägypten	22. 6. - 30. 6. 42
18.	Eroberung der Festung Marsa Matruh	29. 6. 42
19.	Kämpfe um die Alamein-Stellung	30. 6. - 27. 7. 42
20.	Für alle im Operationsgebiet, aber nicht im Gefechtsgebiet eingesetzten Einheiten: Verwendung im Operationsgebiet Nordafrika vom bis	

II.
28. 7. 1942 - 13. 5. 1943
A.
Deutsch-italienische Panzerarmee

1.	Verteidigung der Alamein-Stellung	28. 7. - 22. 10. 42
	dabei: Teilangriffe zur Verbesserung des Südflügels der Alamein-Stellung	30. 8. - 6. 9. 42
2.	Abwehrschlacht in der Alamein-Stellung	23. 10. - 4. 11. 42
3.	Rückzugskämpfe in Ägypten	5. 11. - 10. 11. 42
4.	Rückzugskämpfe in der Marmarica und Cyrenaika	11. 11. - 25. 11. 42
5.	Abwehrkämpe in der Marsa el Brega-Stellung	26. 11. - 12. 12. 42
6.	Rückzugskämpfe im Syrte-Bogen	13. 12. - 28. 12. 42
7.	Abwehrkämpfe in der Buerat-Stellung	29. 12. 42 - 15. 1. 43
8.	Kämpfe um die Tarhuna-Homs-Stellung	16. 1. - 19. 1. 43
9.	Rückzugskämpfe in Tripolitanien	20. 1. - 30. 1. 43
10.	Nachhutkämpfe im tunes.-tripol. Grenzraum	31. 1. - 22. 2. 43

B.

5. Panzerarmee

1.	Bildung des Brückenkopfes Tunesien	11. 11. - 25. 11. 42
2.	Abwehrkämpfe westl. und südl. Mateur	25. 11. - 30. 11. 42
3.	Kämpfe zur Erweiterung des Brückenkopfes Tunesien	1. 12. 42 - 22. 2. 43
	dabei:	
	Vorstoß in den Raum ostw. Tebessa	14. 2. - 22. 2. 43

C.

Heeresgruppe Afrika

1.	Verteidigung in der Mareth-Stellung und in West-Tunesien	23. 2. - 15. 3. 43
2.	Abwehrschlacht in Tunesien	16. 3. - 13. 5. 43
a)	Abwehrkämpfe in der Mareth-Stellung und im Raum Maknassy-El Guettar	16. 3. - 26. 3. 43
b)	Rückzug auf die Chott-Stellung	27. 3. - 29. 3. 43
c)	Verteidigung der Chott-Stellung und Abwehrkämpfe im Raum Maknassy-El Guettar und westl. Mateur	30. 3. - 5. 4. 43
d)	Rückzug auf die Enfidaville-Stellung und Abwehrkämpfe westlich Tebourba	6. 4. - 12. 4. 43
e)	Abwehrkämpfe in der Enfidaville-Stellung und westlich Bizerta-Tunis *)	13. 4. - 13. 5. 43

D.

Verwendung im Operationsgebiet

Für Einheiten, die im Operationsgebiet, aber nicht im Gefechtsgebiet eingesetzt waren:
"Verwendung im Operationsgebiet Nordafrika
vom bis "

Anmerkung:
*) Am 13. 5. 43 kapitulierte die H.Gr.Tunis gegenüber den in Nordafrika eingesetzten alliierten Streitkräften.

GLIEDERUNG DER VERBÄNDE IN NORDAFRIKA

Anlage 2

Vom 27. 6. 1941

Heeres-Gruppe Afrika
Deutsches Afrika-Korps
- 5. leichte motorisierte Division
- 15. Panzer-Division

Vom 3. 9. 1941

Heeres-Gruppe Afrika
Panzer-Gruppe Afrika
- Reserve: 15. Panzer-Division

Deutsches Afrika-Korps
- 21. Panzer-Division
- ital. Division Savona

XXI. ital. Korps
- deutsches verst.Schützen-Rgt. 115
- ital. Division Brescia
- ital. Division Pavia
- ital. Division Bologna

Vom 2. 1. 1942

Heeres-Gruppe Afrika
Panzer-Gruppe Afrika
- Reserve: 90. leichte Afrika
  ital. 55. Division Savona

Deutsche Afrika-Korps
- 15. Panzer-Division
- 21. Panzer-Division

ital.mot.Korps Marmarica
- ital. 132.Division Ariete
- ital. 101. Division mot. Trieste

XXI. ital.u.X.ital.Korps
- ital. 17. Division Pavia
- ital. 25. Division Bologna
- ital. 102. Division mot. Trento
- ital. 27. Division Brescia

Vom 22. 4. 1942

Heeres-Gruppe Afrika
Panzer-Armee-Ober-Kommando-Afrika
- Reserve: 90. leichte Afrika
  ital. 25. Division Bologna
  ital. 60. Division Sabrata

Deutsches Afrika-Korps
- 15. Panzer-Division
- 21. Panzer-Division

ital. XX. (mot) Korps
- ital. 132. Division Ariete
- ital. 101. Division mot. Trieste

ital. XXI. Korps
- ital. 102. Division Trento

ital. X. Korps
- ital 27. Division Brescia
- ital. 17. Division Pavia

Vom 24. 6. 1942

Heeres-Gruppe Afrika
Panzer-Armee-Ober-Kommando-Afrika
- Reserve: mot.Teile der 90. leichten

Deutsches Afrika-Korps
- 15. Panzer-Division
- 21. Panzer-Division

ital. XX. (mot) Korps
- ital. 132. Panzer-Division Ariete
- ital. 101. Division (mot) Trieste

ital. X. Korps
- ital. 17. Division Pavia
- ital. 27. Division Brescia

ital. XXI. Korps
- ital. 102. Division (mot) Trento
- ital. 60. Division Sabrata
- Teile der 90. leichten

Vom 12. 8. 1942

Heeres-Gruppe Afrika
Panzer-Armee-Ober-Kommando-Afrika
- Reserve: 90. leichte
ital.Panzer-Division Littorio
164. leichte

Deutsches Afrika-Korps
- 15. Panzer-Division
- 21. Panzer-Division

ital. XX. (mot) Korps
- ital. 132. Panzer-Division Ariete
- ital. 101. Division (mot) Trieste

ital. X. Korps
- ital. 17. Division Pavia
- ital. 27. Division Brescia

ital. XXI. Korps
- ital. 102. Division (mot) Trento
- ital. 60. Division Sabrata

Vom 15. 11. 1942

Heeres-Gruppe Afrika
Deutsch-ital. Panzerarmee
- Reserve: 90. leichte Afrika
ital.Jungfasch.Div. (Giovanni Fascisci)
ital. 17. Division Pavia

Deutsches Afrika–Korps u. ital. XX. (mot)Korps
- ital. 132. Panzer-Division Ariete
- 21. Panzer-Division
- ital. 133. Panzer-Division Littorio
- 15. Panzer-Division

ital. X. Korps
- ital. Fallschirm-Division Folgore
- ital. 101. (mot) Division Trieste
- ital. 27. Division Brescia
- Teile d. Brigade Ramcke

ital. XXI. Korps
- Teile d. Brigade Ramcke
- ital. 25. Division Bologna
- ital. 102. Division Trento
- 164. leichte Afrika

Vom 22. 12. 1942

Heeres-Gruppe Afrika
Deutsch-ital. Panzerarmee
- Reserve: 90. leichte Afrika
ital.Jungfasch.Div. (Giovanni Fascisci)
ital. 17. Division Pavia

Deutsches Afrika-Korps u. ital. XX.(mot)Korps
- ital. 132. Panzer-Division Ariete
- 21. Panzer-Division
- ital. 133. Panzer-Division Littorio
- 15. Panzer-Division

ital. X. Korps
- ital. Fallsch.Division Folgore
- ital. 101. Division (mot) Trieste
- ital. 27. Division Brescia
- Teile der Brigade Ramcke

ital. XXI. Korps
- Teile d. Brigade Ramcke
- ital. 25. Division Bologna
- ital. 102. Division Trento
- 164. leichte Afrika

Heeres-Gruppe Oberbefehlshaber Süd (Tunis)
Panzer-Armee-Ober-Kommando 5
- 10. Panzer-Division
- Division Hermann Göring

Vom 1. 1. 1943

Heeres-Gruppe Afrika
Deutsch-ital. Panzerarmee
- Reserve: 90. leichte Afrika
ital.Jungfasch.Div. (Giovanni Fascisci)
ital. 17. Division Pavia

Deutsches Afrika-Korps u. ital. XX.(mot)Korps
- ital. 132. Panzer-Division Ariete
- 21. Panzer-Division
- ital. 133. Panzer-Division Littorio
- 15. Panzer-Division

ital. X. Korps
- ital. Fallsch.-Division Folgore
- ital. 101. Division (mot) Trieste
- ital. 27. Division Brescia
- Fallschirm-Brigade Ramcke

ital. XXI. Korps
- Teile Fallschirm-Brigade Ramcke
- ital. 25. Division Bologna
- ital. 102. Division Trento
- 164. leichte Afrika

Heeres-Gruppe Oberbefehlshaber Süd (Tunis)
Panzer-Armee-Ober-Kommando 5
- 10. Panzer-Division
- Division Hermann Göring
- 334. Division
- Infanterie-Rgt. 47

1. ital. Armee
Deutsch.Afrika-Korps, ital.XX. u. ital.XXI.Korps
- 15. Panzer-Division
- 90. leichte Division
- Brigade 1 (Ramcke)
- 164. leichte Division
- 1. Lw.-F.-Rgt.
- ital. Division Centauro
- ital. Division Giovanni Fascista
- ital. Division Trieste
- ital. Division Pistoia
- ital. Division La Specia

Vom 9. 4. 1943

Heeres-Gruppe Afrika
- Reserve: 21. Panzer-Division
10. Panzer-Division

Panzer-Armee-Ober-Kommando 5
- Teile Division H. Göring
- 334. Division
- ital. Division Superga

DEUTSCHE BEFEHLSHABER UND KOMMANDIERENDE GENERALE

Anlage 3

Heeresgruppe Afrika

Generalfeldmarschall Erwin Rommel	23. 2. 1943 - 9. 3. 1943
Generaloberst Jürgen von Arnim	9. 3. 1943 - 13. 5. 1943

Panzerarmee Afrika

General der Panzertruppe Erwin Rommel	15. 8. 1941 - 9. 3. 1942
Generalleutnant Ludwig Crüwell	9. 3. 1942 - 19. 3. 1942
Generaloberst Erwin Rommel	19. 3. 1942 - 22. 9. 1942
General der Kavallerie Georg Stumme	22. 9. 1942 - 24. 10. 1942
Generalleutnant Wilhelm Ritter von Thoma	24. 10. 1942 - 25. 10. 1942
Generalfeldmarschall Erwin Rommel	25. 10. 1942 - 23. 2. 1943
Generale di Armata Messe	23. 2. 1943 - 13. 5. 1943

Panzerarmeeoberkommando 5

General der Panzertruppe Walther Nehring	8. 12. 1942 - 9. 12. 1942
Generaloberst Jürgen von Arnim	9. 12. 1942 - 9. 3. 1943
General der Panzertruppe Gustav von Vaerst	9. 3. 1943 - 9. 5. 1943

Deutsches Afrika-Korps

Generalleutnant Erwin Rommel	19. 2. 1941 - 15. 8. 1941
Generalleutnant Ludwig Crüwell	15. 8. 1941 - 8. 3. 1942
Generalleutnant Walther Nehring	9. 3. 1942 - 31. 8. 1942
Oberst i.G. Fritz Bayerlein	31. 8. 1942 - 31. 8. 1942
Generalmajor Gustav von Vaerst	31. 8. 1942 - 17. 9. 1942
General der Panzertruppe Wilhelm Ritter von Thoma	17. 9. 1942 - 4. 11. 1942
Oberst i. G. Fritz Bayerlein	4. 11. 1942 - 19. 11. 1942
General der Panzertruppe Gustav Fehn	19. 11. 1942 - 16. 1. 1943
Generalmajor Kurt Freiherr von Liebenstein	16. 1. 1943 - 17. 2. 1943
Generalleutnant Heinz Ziegler	17. 2. 1943 - 5. 3. 1943
General der Panzertruppe Hans Cramer	5. 3. 1943 - 12. 5. 1943

CHEF DES GENERALSTABES

Anlage 4

Heeresgruppe Afrika

Oberst i. G. Bayerlein
Generalleutnant Ziegler

Panzerarmee Afrika

Generalmajor Alfred Gause
Oberst i.G. Fritz Bayerlein
Oberst i.G. Siegfried Westphal

Panzerarmeeoberkommando 5

Generalleutnant Ziegler
Generalmajor von Quast

LITERATURVERZEICHNIS

Anlage 5

Adair, R.: British Eight Army, North Africa, 1940-43. London 1974.
Agar-Hamilton, J.A.I. und Turner, L.C.F.: Crisis in the desert. London 1952.
Agar-Hamilton, J.A.I. und Turner, L.C.F.: The Sidi Rezeg battles 1941. Cape Town 1957.
Alamein and the desert war. Ed. by D. Jewell. London 1967.
Alman, K.: Ritterkreuzträger des Afrika-Korps. Rastatt 1968.
Barnett, C.: The desert generals. London 1960.
Barnett, C.: Wüstengenerale. Hannover 1961.
Bender, R.J. und Law, R.D.: Uniforms, organization and history of the Afrikakorps. Mountain View, Calif. 1973.
Braddock, D.W.: The campaigns in Egypt and Libya 1940-1942. Aldershot 1964.
Bueschleb, H,: Feldherren und Panzer im Wüstenkrieg. Neckargemünd 1966.
Burdick, C.B.: Unternehmen Sonnenblume. Der Entschluß zum Afrika-Feldzug. Neckargemünd 1972.
Carell, P.: Die Wüstenfüchse. Hamburg 1961.
Carver, M.: El Alamein. London 1962. Dt. Ausg. Tübingen 1963.
Carver, M.: Tobruk. London 1964.
Chamberlain, P. und Ellis, C.: Afrika Korps. London 1971.
Clifford, A.: Three against Rommel. London 1944.
Crisp, R.: Brazen Chariots. An account of tank warfare in the western desert. London 1959.
The destruction of the Axis forces in Africa. London.
Esebeck, H.G.v.: Das deutsche Afrika-Korps. 4. Aufl. Wiesbaden 1975.
Haupt, W. und Bingham, J.K.W.: Der Afrika-Feldzug 1941-1943. Dorheim 1968.
Heckmann, W.: Rommels Krieg in Afrika. Bergisch Gladbach 1976.
Holmes, R.: Bir Hacheim - desert citadel. New York 1971.
Jackson, W.G.: The North African campaign. London 1975.
Kühn, V.: Mit Rommel in der Wüste. Stuttgart 1975.
Macksey, K.J.: Beda Fromm. New York 1971.
Majdalany, F.: The battle of El Alamein. London 1965.
Maugham, B.: Tobruk and El Alamein. Canberra 1966.
Murphy, W.E.: The relief of Tobruk. Wellington 1961.
Parkinson, R.: The war in the desert. London 1976.
Phillips, C.E.L.: Alamein. London 1962.
Rommel, E.: Krieg ohne Hass. Heidenheim 1950.
Scheibert, H.: Kampf und Untergang der deutschen Panzertruppe. Dorheim 1973.
Strawson, J.: The battle for North Africa. London 1969.
Taysen, A.v.: Tobruk 1941. Freiburg 1976.
Tute, W.: The North African war. London 1976.
Walker, R.: Alam Halfa and Alamein. Wellington 1967.
Wilmot, C.: Tobruk 1941. London 1945.
Young, D.: Rommel. New York. Dt. Ausg. Wiesbaden 1959.